verlag duotincta

Über die Autorin

Birgit Rabisch studierte Soziologie und Germanistik und lebt als Autorin in Hamburg. Sie hat zahlreiche Bücher veröffentlicht, darunter den utopischen Roman »Duplik Jonas 7« (als E-Book bei duotincta), der zum Bestseller und Standardwerk für den Schulunterricht zum Thema Gentechnologie avancierte.

Bei duotincta sind die Romane »Die vier Liebeszeiten« und »Wir kennen uns nicht« erschienen.

www.birgitrabisch.de

Birgit Rabisch
Putzfrau bei den Beatles

Roman

Dies ist ein Roman und somit ein Werk der Fiktion. Alle Ähnlichkeiten mit real existierenden Personen sind rein zufällig und nicht beabsichtigt.

Erste Auflage 2018
Copyright © 2018 Verlag duotincta, Berlin
Alle Rechte vorbehalten.
Satz und Typographie: Verlag duotincta/Jürgen Volk, Berlin
Einband: Nadine Tsalawasilis, Stuttgart
Illustr. Putzfrau: © pamelaperry1963; depositphotos.com Datei-ID: 7296643
U-Boot: © Ron Stern; wikipedia.de Publ. Domain, US Navy 030521-D-9078S-001i
Printed in Germany
ISBN 978-3-946086-30-7

Meiner Freundin Brigitte gewidmet,
die mich zu *Ringo* inspiriert hat.

All you need is love
The Beatles, 1967

A million candles burning for the love that never came
You want it darker
We kill the flame
Leonard Cohen, 2016

Jana

George stimmt seine Gitarre und blickt nicht auf, als ich den Wohnraum betrete, John lächelt mich an, Paul winkt mir zu und Ringo schlägt einen kurzen Trommelwirbel.

Ich stelle mich vor die offene Tür zwischen Wohnzimmer und Studio und rechtfertige meine Verspätung:

»Ewige Warterei beim Zahnarzt!«

Normalerweise frühstücken sie noch, wenn ich zum Putzen komme, aber heute hat mich der verdammte Dr. Nolte fast eine Stunde dem Gedudel des Gute-Laune-Senders in seinem Wartezimmer ausgeliefert, so dass meine Laune auf dem Tiefpunkt war, als er mein Zahnfleisch endlich mit seiner *professionellen Zahnreinigung* malträtierte. Nein, auf dem Tiefpunkt war sie, als mir seine Assistentin danach lächelnd die Rechnung über den Tresen schob. Achtzig Euro!

»Und, Jana? Hast du dich wenigstens diesmal gegen den Raffke gewehrt?«, fragt John. Er hat mir vor ein paar Tagen einen langen Vortrag darüber gehalten, dass die *professionelle Zahnreinigung* von der Krankenkasse *zu Recht, völlig zu Recht!* nicht bezahlt würde, dass ihr Nutzen *wissenschaftlich nicht nachgewiesen* sei und sie nur dazu diene, *den ach so verarmten Zahnärzten die Taschen zu füllen*. Ich habe nicht die geringste Lust, mich schon wieder auf eine Diskussion mit John einzulassen. Warum bin ich so feige und wehre mich nicht gegen Dr. Noltes Griff in mein ohnehin nicht gut gefülltes Portemonnaie? Warum ist meine Generation generell so duckmäuserisch? Ja, ja, ich weiß, John würde sich das *niemals bieten lassen, niemals!*, obwohl er es in seinem Portemonnaie gar nicht merken würde, aber es ist eine *Frage des Prinzips, ja, des Prinzips!* Für John ist andauernd etwas *eine Frage des Prinzips*. Und das, obwohl er die ewige Prinzipienreiterei seines Vaters angeblich so gehasst hat. Oder gerade deshalb? Der Apfel fällt nicht weit vom Stamm, oder? Aber wenn ich den Spruch bringen würde, oh, oh, oh! Dann müsste ich mir garantiert eine endlose Belehrung über Evolution, Biologismus, reaktionäre Weltsicht und was sonst noch alles gefallen lassen!

»Ich muss mich beeilen«, sage ich, »sonst siegt der Staub.«

»Der siegt letztlich sowieso«, knurrt John, lässt aber von mir ab und schlägt auf seiner Gitarre ein paar Akkorde an. Ich werfe einen kurzen Blick in die Küche, aber hier gibt es für mich heute nichts zu tun. Die *Fab Four* haben brav ihr Frühstücksgeschirr in den Geschirrspüler gestellt und von ihrer abendlichen Kocherei kann ich auch keine Spuren mehr entdecken. Ich steige die Wendeltreppe zum ersten Stock hoch, wo ihre Zimmer sind. Heute ist nach meinem Putzplan Johns Zimmer dran. Bei ihm liegt nie etwas herum und ich kann gleich anfangen, mit einem Staubtuch über die Möbel zu wischen. Ich lasse die Tür offen, wie ich es meistens tue, außer beim Staubsaugen natürlich. Von unten klingen die ersten Takte eines Songs herauf, den ich schon erkenne, bevor Pauls Stimme erklingt:

It's been a hard day's night,
and I've been working like a dog ...

Ich höre ihrer Musik gern zu, aber, ehrlich gesagt, manchmal auch ihren Gesprächen beim Frühstück. Ich bin nun mal entsetzlich neugierig. Das muss eine Schriftstellerin auch sein, finde ich, und Schriftstellerin will ich schließlich mal werden. Vor einem halben Jahr las ich auf einem Zettel an einem Ampelmast: *Zuverlässige Reinigungskraft gesucht. 4x2 Std. vormittags. Gute Bezahlung.* Wenn das kein verlockendes Angebot für eine Vierundzwanzigjährige mit einem abgebrochenen Studium in Geschichtswissenschaft ist! Meine wahre Leidenschaft gilt weniger der Geschichte als den Geschichten. Das habe ich aber leider erst nach dem achten Semester erkannt und den verwegenen Plan gefasst, Geschichten nicht nur zu lesen, sondern selbst zu schreiben. Ich habe sogar mit schön schrägen Texten zwei Hamburger Poetry-Slams gewonnen und beim *Open Mike* im vorigen Jahr den dritten Platz ergattert, aber von der Zusicherung des Lektors eines renommierten Verlages, wenn ich mal einen Roman schriebe, würde er den wirklich gern prüfen, konnte ich nicht leben. Noch nicht. Natürlich würde ich ihn schreiben, meinen großartigen Debütroman, nur, bis die Tantiemen strömten, musste ich von irgendetwas meine Miete und andere Kleinigkeiten bezahlen. Warum nicht am Vormittag zwei Stunden meiner Zeit der Reinigung eines Hauses widmen, dachte ich beim Studieren des Zettels. Noch dazu in der Nachbarschaft, nur vier Häuser von meiner Dichterinnenklause unterm Dach entfernt! Nach dem Putzen hätte ich noch genug Zeit zum Schreiben. Dass ich noch nie einen Putzjob gemacht hatte – wo war das Problem?

Ich entschied mich, nicht anzurufen, sondern machte mich kurz entschlossen auf den Weg zu der großen Gründerzeitvilla, an der ich fast jeden Tag vorbeikam. Sie war nach einer Renovierung vor einem Jahr ein Prunkstück der Tornquiststraße im Hamburger Stadtteil Eimsbüttel: Sonnenblumengelbe Fassade mit strahlend weiß abgesetzten Fensterrahmen und ebenso strahlend weißem Stuck. Warte, warte nur ein Weilchen, hatte ich nach Entfernung des Gerüstes im Vorbeigehen oft gedacht, warte nur einige Jahre, dann wird aus dem strahlenden Weiß wieder ein schmutziges Grau. Aber es war natürlich der pure Neid, der aus diesem Gedanken sprach. Was für ein Glückspilz mochte in der Villa wohnen? Bestimmt ein reicher Schnösel, arrogant und selbstverliebt. Mit Frau und Kindern? Jedenfalls nicht mit jemandem, der den Dreck wegmachte. Wollte ich das wirklich tun? Egal, sagte ich mir, Hauptsache, die Bezahlung stimmt. Von deren Höhe hatte allerdings nichts auf dem Zettel gestanden, nur: *gute Bezahlung*. Gut war ein sehr subjektiver Begriff. Ich würde mich auf keinen Fall über den Tisch ziehen lassen.

Vor der Villa angekommen, musste ich einen schmalen Vorgarten durchqueren und stand dann auf einem Fußabtreter, der mich mit *Welcome to our Yellow Submarine* begrüßte. Und verblüfft stellte ich fest, dass es zwar nur einen Klingelknopf gab, aber daneben vier Namensschilder angebracht waren: Prof. Dr. Michael Mann, Kristian Tugendhat, Dr. Thomas Kaufmann, Arnold Behringer.

Gleich vier Schnösel?, dachte ich verwirrt, drückte aber trotzdem energisch auf den Klingelknopf.

Der Mann, der die Tür öffnete, entsprach keineswegs meinem Bild von einem Schnösel. In abgewetzten Jeans und kariertem, kurzärmeligem Hemd stand ein untersetzter, fast glatzköpfiger älterer Mann vor mir. Braungebrannte runzlige Haut, registrierte ich. Der Gärtner?

»Ich, äh ... ich komme wegen der Anzeige.«
Er hob fragend die Augenbrauen.
»Wegen des Putzjobs.«
In seinen Augen leuchtete Erkenntnis auf.
»Ah ja ... das hätte ich jetzt ... so schnell ... wer hat denn ... ja, kommen Sie doch rein, bitte!«
»George, wer ist denn da?«, hörte ich eine tiefe Männerstimme aus dem Hintergrund. George? War das nicht ein typischer Name für einen Butler? In mein Bild von einem Butler passte der Mann, der mich jetzt durch einen schmalen Flur führte, nun wirklich nicht. Der Flur öffnete sich zu einem riesigen Raum, der offenbar fast das ganze Erdgeschoss einnahm und in dessen Mitte eine Wendeltreppe in den ersten Stock führte. Links konnte ich einen Blick in eine topmodern eingerichtete offene Küche werfen, doch der Glatzkopf führte mich rechts an der Treppe vorbei in eine – tja, wie nennt man sowas? Wohnlandschaft würde wohl in einem Möbelprospekt stehen.

Auf einem riesigen Ecksofa saß ein zweiter Mann, der mir deutlich jünger vorkam als der, der mich in Empfang genommen hatte. Ein Irrtum, wie sich später herausstellte. Beide waren achtundsechzig und der Mann auf dem Sofa war drei Monate älter. Er lächelte mich an und mein erster Eindruck war: attraktiver Kerl! Männliche Gesichtszüge, braune Augen, volles dunkles, mit wenig Grau meliertes Haar. Als er aufstand, um mir die Hand zu geben, streckte sich ein großer, schlanker Körper, an dem die schwarze Jeans und das weiße Button Down-Hemd wie maßgeschneidert saßen.

»Jana Jessen«, stellte ich mich vor. »Ich bin interessiert, bei Ihnen als Reinigungskraft zu arbeiten. Und da ich in der

Nachbarschaft wohne, dachte ich, ich komm einfach mal vorbei...«
»Ah, sehr gut! Gute Idee! Kristian Tugendhat, angenehm. Nehmen Sie doch Platz, bitte. Möchten Sie etwas trinken?«
»Einen Saft, wenn Sie haben.«
Es war George, der mir ein Glas Orangensaft aus der Küche brachte und danach die große Glastür zur Terrasse beiseiteschob und laut »Ringo! John! Kommt ihr mal?«, in den Garten hinausrief.
Kristian Tugendhat, der gerade angefangen hatte, mich nach meinen Referenzen zu fragen, ersparte mir erst mal die Antwort, denn er bemerkte offenbar meine Verwirrung über diese Namen, die mir, auch wenn ich lange nach der Beatles-Zeit geboren wurde, doch nicht unbekannt waren:
»Wer fehlt noch?«, fragte er mit verschmitztem Lächeln.
»Bitte?«
»John, George, Ringo und ...?«
»Paul.«
Er nickte zufrieden, als hätte ich eine Schulaufgabe gelöst, erhob sich noch einmal kurz und sagte:
»Call me Paul.«
Bevor ich mir meine Frage beantworten konnte, bei was für seltsamen Vögeln ich denn bloß gelandet war, rollte ein Mann mit energischen Armschwüngen an einem Rollstuhl herein, gefolgt von einem kleinen, schmächtigen Mann mit einem wilden weißen Lockenkopf. Eine Stunde später nannte ich den Rollstuhlfahrer schon ganz selbstverständlich Ringo und den weißen Lockenkopf John, flirtete mit dem charmanten Paul und wartete geduldig, bis George seine gestammelten Sätze beendet hatte.
Und seitdem bin ich die Putzfrau der Beatles.

Ich bin mit Johns Zimmer fertig und reinige das große Bad mit Badewanne und WC. Im Erdgeschoss ist noch eine Dusche plus WC, alles behindertengerecht. Das mussten die vier nicht umbauen lassen, als sie vor einem Jahr in die Villa einzogen, die Ringo von seinen Eltern geerbt hat. Das hatten die schon gemacht, als klar war, dass ihr einziges Kind ein Leben lang auf einen Rollstuhl angewiesen sein würde. Spina bifida, ein *offener Rücken*, wie die Ärzte kurz nach der Geburt feststellten. Ein Fehler in der Embryonalentwicklung. Kam vor, sagten sie. Schicksal. Auch der Fahrstuhl, der von der Tiefgarage über das Erdgeschoss bis in den ersten Stock fuhr, war noch funktionsfähig, obwohl Ringo gleich nach dem Abitur 1967 zu Hause ausgezogen war. Er wollte mit seiner Hamburger Kaffeeröster-Familie nichts mehr zu tun haben, mit diesen Koofmichels und Profiteuren des Kolonialismus! Er rollte nicht nur während der Studentenbewegung auf allen angesagten Demos mit, auch später, als Lehrer an einer Schule für Behinderte, war er mit seinem roten Rollstuhl ein gefürchteter Aktivist der *Krüppel-Gang*, die mit ihren schwer zu räumenden Elektrorollstühlen gerne mal die Eingänge zum Hamburger Rathaus blockierten und lauthals eine gleichberechtigte Teilhabe am öffentlichen Leben forderten.

»Dass wir da bis heute ein ganzes Stück vorangekommen sind, ist auch uns zu verdanken«, erklärt mir Ringo stolz, als er mich nach getaner Arbeit wieder mal *auf ein Tässchen Tee* einlädt. Er brüht für mich einen *English Breakfast Tea* auf, für ihn selbst aber muss es Kaffee sein. Er gibt eine ordentliche Portion *Hamburger Fairmaster* in den alten Porzellanfilter aus dem Erbe seines Vaters. »Echter Arabica-Hochlandkaffee, abgestimmt auf das Hamburger Wasser und natürlich bio und fair gehandelt«, wie er mir zum wiederholten Male vorschwärmt. Auch über die tollen Taten aus seiner Jugendzeit höre ich nicht zum ersten Mal etwas. So ist das nun mal bei alten Männern! Fast immer bittet mich einer der Beatles an den großen Küchentisch, wenn ich Staubsauger und Putzlappen weggeräumt habe. »Kleiner Klönschnack?«, fragt John dann. Paul bittet mich gentlemanlike, ihm *ein paar Minuten meiner kostbaren Zeit zu schenken* und George zeigt einfach auf einen Küchenstuhl und lächelt mich auffordernd an. Aus den Minuten wird leicht mal eine Stunde und aus dem *Tässchen Tee* eine ganze Kanne. Aber das liegt auch an mir. Warum nach Hause an meinen Schreibtisch eilen? Es fällt mir ja sowieso nichts ein. *Writer's block*, aber sowas von! Da sitze ich doch lieber gemütlich mit meinen Beatles an ihrem Küchentisch und lausche ihren Erzählungen von der guten alten Zeit, den 68ern, einer Zeit, *als man noch etwas wollte und nicht nur an die Karriere dachte*. Ich will auch *etwas*, nämlich ein Buch schreiben. Oder ist das *an die Karriere denken*? Von den vieren haben jedenfalls drei eine ganz ansehnliche Karriere gemacht, auch wenn sie nie daran gedacht haben wollen. Oder gerade deshalb? Wie auch immer: George war Frauenarzt mit einer gutgehenden Praxis, Ringo vor seiner Pensionierung Schulleiter und John sogar Physik-Professor mit internationalem Renommee. Nur bei Paul hat's mit dem großen Durchbruch nie geklappt. Er war der einzige der vier, der ihr gemeinsames Hobby zum Beruf machte, Musiker wurde. Ein geschätzter Gitarrist in vielen Bands, aber für eine Solokarriere hat es nie gereicht. Ich kann mir kaum vorstellen, dass er den gleichen Beitrag wie die anderen drei zu den Kosten für das Haus, den Lebensunterhalt und nicht zuletzt mich leistet. Wahrscheinlich sponsern sie ihn. Aber danach frage ich lieber nicht. Paul wirkt zwar immer so, als ob nichts sein Ego ankratzen könnte, aber wer weiß. Sind nicht die sich so souverän Gebenden oft die größten Sensibelchen? Er tut gern so, als wäre er der echte Paul McCartney, ein genialer Musiker, forever young und von Frauen umschwärmt. Er erzählt am liebsten von der Zeit, als die vier Obertertianer des Eimsbütteler Gymnasiums Kaiser-Friedrich-Ufer die Schulband *Die Beating Boys* gründeten und mit Begeisterung die Songs der umjubelten Gruppe aus Liverpool nachspielten. Dafür wurden auch sie von ihren Schulkameraden bejubelt. Sie durften nach Schulschluss im Fahrradkeller üben und sie übten fanatisch, exzessiv und ekstatisch, um sich genauso anzuhören wie ihre großen Vorbilder. *Echt voll wie die Beatles* erschien ihnen als das größte Lob. Sie traten bei Abifeiern und sonstigen Schulfesten auf und nach dem Abitur in Jugendhäusern, Kellerclubs und auf Stadtteilfesten. Am Anfang spielten sie nur auf der Bühne ihre Rolle als Beatles, aber bald sprachen sie sich auch gegenseitig mit deren Namen an. Aus den pickligen Jungen mit bravem Mittelscheitel Michael, Thomas, Arnold und Kristian wurden die Pilzköpfe John, George, Ringo und Paul.

»Das haben wir beibehalten, unser Leben lang, wie auch unsere Freundschaft. Freundschaft mit Pausen natürlich, wie auch nicht. Und Höhen und Tiefen. Klar. Schon selten, sowas. Kostbar. Kennt ihr das überhaupt noch? Ist was anderes als Facebook-Freunde«, sinniert Ringo und schenkt mir noch eine Tasse Earl-Grey ein.

»Wir können das schon unterscheiden, keine Sorge.«

»Na, hoffentlich! Jedenfalls ... unsere Freundschaft, die

hat gehalten, wenn uns das Leben auch in viele Richtungen auseinandergetrieben hat. Und das meine ich nicht nur örtlich. Aber die Freundschaft, ja, und die Musik ... die Musik hat uns immer wieder zusammengeführt.«

»Seid ihr denn auch später noch zusammen aufgetreten? Als Beatboys?«

»Beating Boys!«, korrigiert Ringo mit erhobenem Zeigefinger und sein jungenhaftes Lächeln zaubert wieder die Spuren vieler gelebter Jahre aus seinem Gesicht. »Ab und zu schon, aber selten, meist auch nur privat, auf Festen und so. Das wurde schon damals schwieriger, als George einen Medizin-Studienplatz in Stuttgart gekriegt hat, wir hatten keinen Übungsraum mehr und spätestens, als John dann ans MIT gegangen ist ...«

»MIT?«

»Massachusetts Institute of Technology. Ganz berühmt! Egal. Musst du nicht kennen. Da hat er promoviert. Quantenphysik. Frag ihn bloß nie danach! Wenn John erst anfängt, dir Vorträge über die spukhafte Fernwirkung und weiß der Geier was zu halten, dann kommst du hier nie wieder weg!«

»Apropos Wegkommen. Die Kanne ist leer und ich glaub, ich muss dann mal ...«

»Ja, ich hab dich mal wieder viel zu lange aufgehalten. Schreib's auf den Stundenzettel.«

Ich winke ab, aber ich schreibe es natürlich auf den Zettel, den ich John, dem *Finanzchef* der Beatles, am Ende des Monats zur Abrechnung vorlegen werde. Pro Stunde zwanzig Euro zahlen sie mir, das ist wirklich nicht kleinlich. Aber sie können es sich locker leisten, schätze ich (außer Paul, wie gesagt). Ich arbeite schließlich für eine privilegierte Luxus-

Senioren-WG, die können mir gern unsere Klönschnacks als psychosoziale Dienstleistung honorieren. Eine sehr angenehme Dienstleistung, das gebe ich zu. Manchmal nervt zwar die Verklärung ihrer glorreichen Vergangenheit, aber wer weiß, wie ich als Achtundsechzigjährige von der Zeit erzählen werde, als ich die Putzfrau der Beatles war! Meistens höre ich ihren Geschichten gerne zu und ich bewundere ehrlich den Mut und die Entschlusskraft, mit der sie sich ihrem Alter stellen, es gestalten wollen.

»Ich hab keine Lust, irgendwann mit beschissenen Windeln in einem beschissenen Heim zu landen, wo keiner Zeit hat, sie regelmäßig zu wechseln.« Originalton John. Paul würde so etwas nie sagen. Er tut so, als könnten für ihn auch in Zukunft weder Gebrechlichkeit noch Inkontinenz zum Problem werden. Er hat sich auch an den detaillierten Planungen für ihre gemeinsame Zukunft nicht beteiligt, als Ringo seinen drei Freunden anbot, die ehemalige Villa seiner Eltern zu ihrem gemeinsamen Altersruhesitz umzugestalten. Paul war nur wichtig, dass sie einen Raum als Studio ausbauten, so dass sie endlich jederzeit üben und spielen konnten, wann immer sie Lust dazu hätten. Er fand die Idee einfach genial, endlich mit seinen alten Kumpels zusammen zu wohnen. Die rollstuhlgerechte Villa war ja auch bestens für Ringo geeignet. Der Gedanke, dass er selbst vielleicht einmal auf einen Rollstuhl angewiesen sein könnte, lag ihm fern. Mit so etwas konnte man sich ja beschäftigen, wenn es so weit wäre, das war seine Philosophie. Aber am besten, es wäre einfach nie so weit. Seine drei Freunde diskutierten vor dem Einzug in die Villa jedoch heftig alle denkbaren Szenarien, die das Alter mit sich bringen konnte, auch wenn sie sich jetzt noch nicht wirklich alt fühlten. Sie schauten sich nach einem ambulanten Pflegedienst in der Nähe um, nach kompetenten Ärzten und ließen ein Zimmer im ersten Stock zum Gästezimmer mit separatem WC und Dusche ausbauen. Wenn nötig, konnte dort später eine Pflegerin wohnen.

»Du siehst, wir gehen die Sache offensiv an«, hat Ringo mir bei einem unserer ersten Klönschnacks erzählt. »Dies hier ist unser Yellow Submarine, mit dem wir gemeinsam abtauchen werden in Tiefen, die keiner von uns kennt und aus denen keiner wieder auftaucht. Aber während des Tauchens gilt an Bord ...« Er summte ein paar Takte und sang dann mit seiner kratzigen Stimme:

As we live a life of ease
Everyone of us has all we need

Er brach ab und zwinkerte mir zu: »Zu diesem *life of ease* leistest du einen beträchtlichen Anteil.«

»Aber ist das wirklich alles, was ihr braucht? *Life of ease*?«, konterte ich. »Wie steht's denn mit dieser Erkenntnis?« Ich räusperte mich und sang nicht schön, aber laut:

All you need is love, love, love
love, love, love

Ich hatte erwartet, dass Ringo lachen würde, doch ein Schatten huschte über sein Gesicht. Er senkte den Blick und schwieg eine Weile, bevor er seine Schlagfertigkeit zurückgewann und sich einer Weisheit der Rolling Stones bediente:

You can't always get what you want

Mehr als diese Zeile sang er nicht und ich weiß bis heute nicht, welche Rolle die Liebe in seinem Leben gespielt hat. Die taucht in den bunten Schilderungen seines Lebens nicht auf. Er hat mir etwas erzählt über seinen Kampf für das *Recht auf Sex* für seine behinderten Schülerinnen und Schüler, das ihnen auch als Erwachsenen oft abgesprochen wurde. »Als wenn gelähmte Beine dich zum Neutrum machen!«, hat er sich empört. Aber ob er von seinem *Recht auf Sex* Gebrauch gemacht hat und wenn ja, mit wem – da klafft eine Leerstelle in seinen Erzählungen. Nicht nur beim Sex, überhaupt bei persönlichen Beziehungen, Liebe, Familie, Kinder – darüber spricht weder er noch sprechen die anderen Beatles darüber. Seltsam. Das Private ist politisch. Hieß so nicht ein Spruch der 68er? Einmal habe ich Paul gefragt, ob sie denn alle keine Kinder hätten, die sich um sie kümmern könnten, wenn sie irgendwann auf Hilfe angewiesen wären. Er hat wie immer ein abweisendes Gesicht gemacht, wenn es um das Thema ging, und mich nur kurz informiert:

»Ich hab zum Glück keine, Ringo auch nicht, John hat einen Sohn und eine Tochter und sogar einen Enkel, drüben in Berkeley, wo er seine letzte Professur hatte, aber er ist schon lange geschieden, die sind bei der Mutter aufgewachsen, da läuft nicht viel. Und George ...« Er verstummte einen Moment, bevor er fortfuhr: »George hat's echt schlimm erwischt. Seine Tochter Annika ist mit dreizehn an einem Gehirntumor gestorben und seine Frau hat er vor fünf Jahren auch an den Krebs verloren. Da hat er immer noch schwer dran zu knacken.«

Danach war nie wieder die Rede von Liebe, Sex, Frauen und Kindern. Auch heute ging es ja wieder mal um Ringos

Lieblingsthemen: seine Jugend, die Musik, die Beatles, seine Aktivitäten in der Behindertenbewegung.

Ich stehe auf, will das Geschirr abräumen, doch Ringo winkt ab:

»Das ist mein Job! Moment, warte! Nimm noch ein Glas Himbeer-Marmelade mit. Aus unserem Garten. Hat George eingekocht. Wirklich lecker!«

Georges Einkochen vor ein paar Tagen ist mir nicht verborgen geblieben. Ich durfte viele rote Spritzer noch in den entferntesten Winkeln der Küche wegputzen. Aber die Himbeer-Marmelade ist wirklich lecker, das weiß ich schon, denn auch John und der Einkoch-Meister George himself haben mich mit Gläsern beglückt. Ich komme selten hier weg, ohne dass mir etwas zugesteckt wird. Irgendwie rührt mich das. Dieses Etwas-Zustecken kommt mir wie die fürsorgliche Geste von Eltern gegenüber ihren erwachsenen Kindern vor, die auf deren Fürsorglichkeit eigentlich nicht mehr angewiesen sind. Meine effizienten Eltern haben so etwas nie getan. Sie haben mir pflichtgemäß Geld überwiesen, solange ich studiert habe. Seit meiner Entscheidung, mich der brotlosen Kunst des Schreibens zuzuwenden (»Gibt es nicht schon genug Bücher auf der Welt?«), bleibt mein Konto leer.

Ich bedanke mich bei Ringo, stecke das Glas Marmelade in meine Schultertasche und verabschiede mich.

»Bis morgen! Gruß an die anderen. Wo stecken die überhaupt?«

»George ist hinten in seinem geliebten Kräutergarten, John muss mal wieder beim Kardiologen seine diversen Bypässe kontrollieren lassen und Paul turnt mit einer jungen Krankengymnastin herum. Und wenn ich turnt sage, meine

ich tatsächlich turnt.« Er zwinkert mir zu und ergänzt: »Es klappt immer besser mit seiner neuen Hüfte. Na ja, wir sind eben nicht mehr die Beating Boys, sondern eine Alte-Knacker-WG.«
Sein Lächeln ist aber wieder ein Beating Boy-Lächeln. Er bringt mich zur Tür und winkt mir hinterher. Ich winke zurück und dann bin ich auf dem Weg nachhause, auf dem Weg zu meinem Zimmer, zu meinem Schreibtisch und meine Schritte werden langsamer.
Was will ich schreiben? Bloß nichts über junge Leute und ihre Beziehungsunfähigkeit, keinen Großstadtroman mit viel Nachtleben, Clubbing und Sex, nichts Intertextuelles, nichts krampfhaft Innovatives, kein l'art pour l'art! Sondern? Hmmh. Was Relevantes. Über Flüchtlinge? Das Thema unserer Zeit! Oder muss es nicht *Geflüchtete* heißen? Und schon beschäftige ich mich wieder mit der Sprache statt mit dem Problem. Oder über die Globalisierung? Die Klimakatastrophe? Alles höchst relevant. Und verkaufsträchtig. Also? Ach, das können andere viel besser. Warum schreibe ich überhaupt? Ich habe doch gar nichts zu sagen. Will ich überhaupt schreiben? Eine große Unlust packt mich, mich ewig im Kreis dieser Fragen zu drehen.
Ich gehe zurück, gehe zur Osterstraße, der Eimsbütteler Einkaufsmeile, kaufe mir ein Franzbrötchen, und nehme es mit in den nahegelegenen Unna-Park. Ich verzehre es auf einer Bank, mit Blick auf eine große Kastanie und spielende Kinder. Herrlich! Zimtgeschmack, Sonne und Kinderlachen. Wie schön kann das Leben sein, wenn man nicht am Schreibtisch sitzt! Hier kreisen die Gedanken nicht, hier wabern sie hin und her und ich muss sie nicht zu fassen kriegen, um *etwas* aus ihnen zu machen, um sie zu verwerten, sie in

Schrift zu verwandeln, in Literatur gar. Wie vermessen! Muss man nicht erst etwas vom Leben verstehen, bevor man Leben beschreibt? Und was verstehe ich schon vom Leben nach nur vierundzwanzig Jahren auf dieser Welt? Sollte ich mit meinem Debüt nicht warten, bis ich so alt wie meine Beatles bin? Achtundsechzig – das wäre doch ein geeignetes Alter für ein Debüt!

Eine Taube pickt die heruntergefallenen Krümel von meinem Franzbrötchen auf. Ich halte mein Gesicht in die Sonne und befehle mir, den Moment zu genießen und nicht mehr ans Schreiben zu denken. Pflücke den Tag, Jana Jessen!

Natürlich vibriert es prompt an meinem Oberschenkel. Ich ziehe das Smartphone aus meiner Hosentasche. Es ist mein Freund Mario, der mit mir ins Kino gehen will. Mein Freund? Das war er mal. Inzwischen würde ich eher sagen: ein Freund. Aber über unseren Beziehungsstatus haben wir sowieso nie geredet. Mittlerweile ist es nicht mal mehr kompliziert, sondern sehr einfach: Da läuft nicht mehr viel zwischen uns. Wir sind ein Lehrbuchbeispiel dafür, dass sich Gegensätze nur kurzfristig anziehen.

»*Toni Erdmann*, der deutsche Film, der in Cannes Furore gemacht hat«, versucht Mario mich zu ködern. »Wann hat es das zuletzt gegeben? Der ist jetzt sogar für den Auslands-Oscar nominiert. Läuft diese Woche noch im Abaton.«

Das Abaton, das älteste Arthouse-Kino Hamburgs, ist mein Lieblingskino und von dem Film habe ich auch schon Vielversprechendes gehört. Also schlucke ich den Köder und wir verabreden uns für den nächsten Sonntag, an dem Mario mal keinen Nachtdienst im Krankenhaus hat. Er ist ausgebildeter Krankenpfleger und finanziert jetzt sein Studium durch Nacht- und Wochenendschichten. In einem Jahr will er seinen Master in Sozialökonomie geschafft haben und wie ich ihn kenne, wird er das auch. Er ist viel zielstrebiger als ich. Mit sowas wie *Schreibblockade* darf ich ihm nicht kommen, für ihn ist ein Weg, wo ein Wille ist. »Ihr Schreiberlinge nehmt euch einfach viel zu wichtig«, hat er mir immer wieder vorgeworfen. Ich fürchte, zumindest damit hatte er recht und hat es noch. Aber egal. Ich muss ihn ja nicht mit meinen Problemen einer Schreiberlingin behelligen, wenn wir uns am Sonntag sehen, lieber erzähle ich ihm ein paar Anekdoten über mein Leben als Putzfrau der Beatles. Das kommt bestimmt gut!

Wo ich schon mein Smartphone in der Hand habe, checke ich kurz meine Mails und schaue, was sich auf WhatsApp und Twitter tut. Und wie ist die Nachrichtenlage? Türkei, Nord-Korea, Syrien, Meck-Pomm. Die Lage ist zum Heulen!

Und das war's mit meiner friedvollen Stimmung und *Pflücke den Tag*!

Leander

Leander packt keine Schulsachen in seinen Schulrucksack, sondern eine Jeans, ein T-Shirt mit *Summer on the beach*-Aufdruck und ein Basecap mit großem Schirm, alles Sachen, die er heimlich auf dem Flohmarkt gekauft hat, damit seine verrückten Erziehungsberechtigten sie nicht der Polizei beschreiben können, denn morgen wird er in seinen entsetzlich braven Klamotten das Haus verlassen. Die wird er im Kaufhaus-Klo ausziehen und später in einen Altkleider-Container schmeißen, die Flohmarkt-Klamotten anziehen, dazu eine Brille mit Fensterglas aufsetzen und dann wird er statt zur Schule zum Bahnhof gehen. Er hat alles genau geplant!

Außer dem Schulrucksack wird er nichts mitnehmen. Auch nicht seine Gitarre, obwohl ihm das verdammt schwerfällt. Aber das wäre zu auffällig. An einen Jungen mit Gitarre könnte sich leicht jemand erinnern. Er seufzt und streichelt noch einmal über ihren polierten Körper. Mit einem Ruck wendet er sich ab und packt weiter. In die Vordertasche des Rucksacks steckt er zwei Fotos: eins von Mama, mit ihm als Baby im Arm, und eins von ihm mit Schultüte, im Hintergrund Mama und Papa und Oma Moni, die den Arm um seine Schultern legt.

Oma Moni hat er geliebt. Sie war die liebste, beste, die allerbeste Oma der Welt! Nicht nur wegen der vielen Geschenke, die sie ihm machte, und der Süßigkeiten, die sie ihm, auch gegen den Willen von Mama und Papa zusteckte, freute er sich jedes Mal, wenn sie in ihrem Smart vorfuhr.

Oft holte sie ihn am Wochenende zu kleinen oder auch größeren Ausflügen ab, besonders wenn Mama mal wieder auf Tournee mit ihrem Orchester war. Zuletzt waren sie in einem Archäologischen Museum, das aber kein verstaubtes Museum war, sondern da konnte man selbst mal ausprobieren, wie es in der Bronzezeit so zuging. Nachdem er mit einer Horde anderer Kinder Getreide auf Steinmühlen gemahlen und durch Reiben von Feuersteinen ein Lagerfeuer entfacht hatte, gab es selbstgebackenes Pfannenbrot und fürchterlich schmeckenden Früchtetee, den Oma Moni ihm heimlich mit zwei geklauten Zuckerwürfeln aus dem Café versüßte, von dessen Terrasse sie ihm beim bronzezeitlichen Leben zusah.

Oma Moni hat ihm auch die Gitarre zum Geburtstag geschenkt, obwohl Mama partout nicht einsehen wollte, warum er keinen Bock mehr auf Geige spielen hatte. Er wusste es ja selbst nicht, aber irgendwie war es nicht sein Instrument und der Geigenunterricht nur noch lästiges Pflichtprogramm. Die Gitarre und er – das war ein anderes Ding! Zu Mamas Beruhigung übte er zu Hause fast nur klassische Stücke, aber Oma Moni konnte er mit fetzigen Riffs richtig in Ekstase bringen. Durch ihre riesige Schallplattensammlung hatte er viele Rock- und Beatsongs kennengelernt, die er sich später bei iTunes runterlud, und seine Lieblingssongs konnte er schon ganz passabel auf der Gitarre nachspielen. Bei *Highway to hell* fing Oma Moni sogar an, in ihrem kleinen Wohnzimmer rumzutanzen und Luftgitarre zu spielen! Hinterher lachten sie sich beide schlapp und Oma Moni bekannte stolz: »Ich war schon ein heißer Feger früher, oh ja, das glaub man, Leander!«

Er schluckt, versucht nicht wieder zu heulen. Er hat schon viel zu viel geheult in den vergangenen Monaten. Angefangen hat die Heulerei nach Oma Monis Tod, nur zwei Monate vor ihrer herbeigesehnten Rente. Was wollte sie nicht alles mit ihm unternehmen, wenn sie nicht mehr zu ihrer verdammten Versicherung musste, zu den viel jüngeren Kollegen, für die die versierte Schadensregulierin ein belächeltes Fossil aus der Zeit war, als man so lange an einem Fall arbeitete, bis er zufriedenstellend erledigt war, und ihn nicht für erledigt erklärte, weil die pro Fall vorgegebene Zeit abgelaufen war. »Ich pass da einfach nicht mehr hin«, hat Oma Moni oft gesagt und »So langsam muss mal Schluss sein.« Und dann war gleich ganz Schluss gewesen. Herzinfarkt. Beim Einkaufen. Sie war an der Kasse umgefallen: tot. Ganz, ganz Schluss. Das sagte sich Leander immer wieder, um es zu kapieren. Und obwohl er es nicht wollte – er war schließlich kein Weichei – hat er auf der Beerdigung noch mehr weinen müssen als Mama.

Leander schaut auf das Foto von Mama mit ihm als Baby auf dem Arm, auf das entrückte Lächeln, mit dem sie das schlafende Baby betrachtet. Er kennt dieses Lächeln nicht nur von dem Foto, obwohl sie ihn später nicht mehr so betrachtet hat. Oder? Vielleicht, wenn er schlief? Im Wachen hat sie ihn auch angelächelt, durchaus, aber es war mehr dieses *Ich liebe dich ja, aber kannst du verdammt nochmal bitte endlich dein Zimmer aufräumen!!!*-Lächeln. Das entrückte Lächeln konnte nur die Harfe auf ihr Gesicht zaubern, nicht oft, aber manchmal, wenn sie nach stundenlangem Üben *mit der Musik davonflog*. So hat sie es genannt und daran erinnert er sich lieber als an ihre ewigen Ermahnungen, nicht so laut mit seinen Freunden rumzukrakeelen, weil sie sich auf ihr Harfenspiel konzentrieren müsse. Er beißt die Zähne aufeinander. Er will nicht an Mama denken, er will nicht an Papa denken und nicht an Oma Moni und muss es doch immer wieder. Oma Monis Tod, von dem er dachte, das wäre das Schlimmste, was es im Leben geben könnte, war nur der Auftakt zur Katastrophe gewesen.

Mama und Papa mussten Oma Monis Wohnung ausräumen. Bevor eine Firma alles entsorgen würde, hatten sie die wenigen Sachen, die sie von ihr behalten wollten, in ihren Wagen gepackt und waren auf dem Weg nachhause, als ihnen auf der Landstraße in einer Kurve auf ihrer Fahrbahn ein Lastwagen entgegenkam. Sekundenschlaf am Steuer, vermutete die Polizei später. Doch das interessierte Leander nicht. Auch nicht der Prozess gegen den Lastwagenfahrer und seine Spedition wegen Nicht-Einhalten der gesetzlich vorgeschriebenen Ruhezeiten. Mama und Papa waren tot. Zerquetscht unter einem riesigen Lastwagen. Das war ein Bild, das sein junges Gehirn permanent produzierte, obwohl man ihm keine Bilder vom Unfallort zeigte und er seine Eltern vor der Trauerfeier im Krematorium nicht noch einmal sah. Der Anblick wäre zu belastend für ihn, entschied Frau Sarau, die Betreuerin vom Jugendamt.

Aber die Bilder, mit denen seine Fantasie ihn quälte, konnte sie nicht verhindern, Bilder, so grausam bunt und grell, dass er vor ihnen in eine Dunkelheit entfloh, die Schutz bot, einen Stillstand, der seinen inneren Aufruhr einfror. Wie betäubt ließ er in dieser Zeit alles mit sich machen, was die Erwachsenen für ihn entschieden. Noch am Tag des Unfalls hatte ihn Frau Sarau gefragt, ob er Verwandte hätte.

»Nein«, hatte er gesagt. Ihm waren keine eingefallen. Es gab keine Onkel, keine Tanten, nur Oma Moni. Und die gab es auch nicht mehr.

»Was ist mit deinen anderen Großeltern, den Eltern deines Vaters. Leben die auch nicht mehr?«

Doch, die lebten wohl noch, musste er zugeben. »Aber die sind verrückt, hat Papa immer gesagt. Mit denen wollen wir nichts zu tun haben.«

Frau Sarau hatte ihn befremdet angeguckt, ihr Smartphone gezückt und war in einen anderen Raum gegangen.

Ihn hatte das damals alles nicht interessiert. Ihm war völlig egal, was mit ihm geschah. Und so war er schließlich bei ihnen gelandet, bei den Verrückten. Papa hatte völlig recht gehabt, das wusste er jetzt. Zuerst schienen Opa und Oma Scheibner ja ganz nett zu sein, auch wenn Opas ewiges »Ach, du armer Junge!« und Omas ungefragtes Gestreichel über sein Haar ihn mächtig nervten. Papa hatte ihm erzählt, dass sein Vater ihn als Kind regelmäßig *vermöbelt* hätte, mit einer Weidengerte, die extra zu diesem Zweck auf dem Küchenschrank lag. Deshalb schaute er auch als Erstes dort nach, als Frau Sarau ihn in das kleine Haus in Glückstadt brachte, in dem Oma und Opa Scheibner lebten. Sie hätten das Sorgerecht für ihn beantragt und er würde sich sicher sehr wohl bei ihnen fühlen. Auf dem Küchenschrank lag keine Weidengerte und Opa hat ihn nie auch nur angerührt, aber er fühlte sich trotzdem nicht wohl. Andauernd sagten sie ihm, was er zu tun und was er zu lassen hätte, und davon hatten sie auch noch völlig abartige Vorstellungen. Als Erstes schickten sie ihn zum Friseur und ließen ihm einen *ordentlichen Jungenhaarschnitt* machen. Dann sollte er vor dem Essen einen unsichtbaren Herrn Jesus bitten, ihr Gast zu sein. Der kam aber nie. Er sollte vor dem Schlafengehen einen ebenfalls unsichtbaren *Vater* bitten, *lass die Augen dein, über meinem Bette sein.* Schlimmer als die CIA! Er sollte jeden Sonntag in die Kirche gehen, aber nicht in die große am Markt, sondern in den hässlichen Betonklotz der *Freien*

Christengemeinde, wo ein völlig hysterischer Typ auf ihn einschrie, dass man Glückstadt dem Teufel wieder entreißen müsse. Und er sollte vor allem täglich in der Bibel lesen und auch noch glauben, was da drin stand. Er las ja gern Fantasy, aber er glaubte nicht, dass die Hobbits wirklich existierten! Die Hände lassen sollte er dagegen von seinem Smartphone. Das war furchtbar jugendgefährdend! Wegschmeißen sollte er seine Harry Potter-Bände. Die propagierten schwarze Magie und waren ein Einfallstor für den Teufel! Nicht glauben sollte er an die Evolutionstheorie. Sein Biologielehrer verbreite eine gefährliche Irrlehre! Er sollte lernen, ein gottgefälliges Leben zu führen und sich nicht von Satanas zur Abkehr von *unserem lieben Herrn Jesus* verführen lassen, wie sein Vater es getan hatte, der für sein gottloses Leben jetzt in der Hölle schmorte.

Leander schwieg, hatte nicht die Kraft, sich zu wehren, brauchte jedes Fitzelchen seiner Kraft, um nicht vor Trauer und Wut laut loszuschreien. Endlich rang er sich dazu durch, heimlich Frau Sarau vom Jugendamt anzurufen:

»Meine Großeltern sind verrückt. Ich kann hier nicht bleiben!«

»Verrückt? Aber wie kommst du darauf?«

»Die glauben an Gott und den Teufel und Jesus und so'n Scheiß.«

Frau Sarau lachte. Sie lachte ihn glatt aus!

»Ja, aber Leander! Das ist normal. Du bist das vielleicht aus deinem Elternhaus nicht gewöhnt, aber ...«

Leander legte auf. Frau Sarau würde ihn nicht retten. Gott kam als Retter auch nicht in Frage, obwohl der hysterische Pastor Möhlenbruch immer verkündete, Gott könne Wunder wirken und habe ihm zuletzt sogar gezeigt, wo Diebe sein

Auto versteckt hatten. Nein, auf Gott wollte er nicht vertrauen, bestimmt nicht. Der hatte auch den Lastwagenfahrer nicht rechtzeitig aus seinem Schlaf am Steuer geweckt, sonst wären seine Eltern noch da und er könnte mit Papa über diesen ganzen Schwachsinn lachen. Er würde sich selbst retten müssen. Er würde fliehen. Und er wusste auch, wohin.

Zum Glück hatte die Polizei ihm irgendwann die Sachen ausgehändigt, die bei Mama und Papa im Auto lagen, als der Unfall passierte, die Erinnerungsstücke aus Oma Monis Wohnung. Von den Schallplatten, die Leander sich ausgesucht hatte, existierten nur noch Scherben. Auch die Beatles-Platte mit der Widmung *I love you – eight days a week / Paul*, die Oma Moni ihm komischerweise vor ihrem Tod nie gezeigt hatte, war in tausend Stücke zerbrochen. Aber ein uraltes Tagebuch hatte, zwar verschmutzt und verbogen, aber noch lesbar, den Unfall überstanden. In Oma Monis Tagebuch las er immer wieder heimlich, wenn er eigentlich in der Bibel lesen sollte. Und es eröffnete ihm tatsächlich einen Ausweg. Kein Wink Gottes, ein Wink Oma Monis!

Jetzt muss er nur noch einen Brief schreiben, der seine verrückten Großeltern so weit beruhigt, dass sie nicht an eine Entführung denken und dann Heerscharen von Polizisten nach ihm oder seiner Leiche suchen. Er weiß ja von Krimis, wie das abläuft. Er wird ihnen schreiben, dass er sich entschieden hat, woanders zu wohnen. Wenn sie das nicht akzeptieren, nur weil er erst zwölf Jahre alt ist – ihr Problem. Sollen sie doch eine Vermisstenanzeige aufgeben! Er wird schon dafür sorgen, dass ihn keiner findet. Frau Sarau sagt doch immer, er sei ein *pfiffiges Kerlchen*. Ja, das ist er. Das wird sie noch merken!

Er schreibt den Brief, den er morgen in seinem Zimmer zurücklassen wird, nimmt sein Smartphone und schaut sich noch mal auf Google Maps die genaue Lage der Tornquiststraße an. Die Bahn von Glückstadt fährt direkt zum Hamburger Hauptbahnhof und von da kann er mit der U-Bahnlinie U2 bis zur Osterstraße fahren. Babyleicht. Und dann muss er nur noch ein Stück den Heußweg runterlaufen und links in die Tornquiststraße einbiegen. Er überlegt einen Moment, ob er sein Smartphone nicht doch mitnehmen kann, aber das ist ihm zu unsicher. Niemand soll ihn orten können! Hier zurücklassen kann er es aber auch nicht. Selbst wenn er alles löscht: Die Polizei kann das wieder sichtbar machen. Und dann wissen sie, wohin er gehen will. Also wird er es im Teich beim Bahnhof versenken, wo er als Kleinkind mit Mama oft die Enten und Trauerschwäne gefüttert hat. Er spürt einen Stich im Herzen. Tränen? Energisch wischt er sich mit dem Handrücken übers Gesicht. Er wird doch jetzt nicht über den Verlust seines Smartphones weinen! Es ist sowieso schon ziemlich veraltet. Er ruft noch einmal auf Street View das Bild der Villa auf, die sein neues Zuhause werden soll: Die ist gelb wie die Plastikmüllsäcke!

Jana

Heute steht Georges Zimmer auf meinem Putzplan. Ich hole tief Luft, bevor ich es betrete. Ich habe ihm schon ein paar Mal gesagt, dass ich beim besten Willen nicht bei ihm putzen kann, wenn über sein ganzes Zimmer Zeitungen, Prospekte und Zettel verstreut sind. Jedes Mal ist er total einsichtig und gelobt Besserung: »Ich bin gerade am ... am Sortieren. System. Neues System.«

»Aber du musst auch mal was wegschmeißen! Das sind zum Teil uralte Zeitungen und längst abgelaufene Veranstaltungsprogramme und so Zeugs.«

»Klar. Mach ich. Aber kann man noch brauchen ... manches. Ich muss sortieren. Aussortieren.«

Ein erster Blick ins Zimmer bestätigt meine Befürchtungen. Der Berg bedruckten Papiers ist noch angewachsen, garniert mit vielen kleinen handschriftlichen Zetteln.

Oh, George! Was bist du für ein Messie! Wie hast du das bloß früher als Frauenarzt auf die Reihe gekriegt? Wie konnte ein Chaot wie du eine gynäkologische Praxis führen? Na ja, fürs Organisatorische waren ja deine Sprechstundenhilfen zuständig. Und zu Hause hat deine Frau hinter dir hergeräumt.

Ich werfe einen Blick auf ihr Foto im Silberrahmen, das auf Georges grazilem Nussbaum-Sekretär steht, als ob sie mir diese Frage beantworten könnte. Aber sie lächelt nur über die kunstvoll um sie herumdrapierten Zettelberge, die ihr bis zum Kinn reichen. Am liebsten würde ich alle Zettel zusammenraffen und sie von oben auf George herunterrieseln lassen, direkt auf sein geliebtes Sesambrötchen!

George sitzt wie gewöhnlich mit den drei anderen unten am Küchentisch bei ihrem ausgiebigen Frühstück, an das sich regelmäßig eine kurze *Was liegt an?*-Besprechung anschließt, meistens gefolgt von einem ausufernden *Wir und die Welt*-Gespräch. Das besteht, soweit ich das bei meiner Putzerei mitkriege, zu sechzig Prozent aus *Wir damals*, zu dreißig Prozent aus *Wir heute* und die restlichen zehn Prozent beschäftigen sich mit der Welt, die vornehmlich als verrückt klassifiziert wird. Darin sind sich alle vier einig und auch darin, dass sie mit dieser verrückten Welt auf ihre alten Tage möglichst wenig zu tun haben wollen. Sollen sich doch die Jungen darum kümmern! Also ich.

Ich habe aber gerade keine Zeit, die Welt von ihren Verrücktheiten zu heilen, ich muss mich durch Georges Zettelberge kämpfen. Kann ich nicht doch heimlich einige Zettel entsorgen? Das merkt er doch überhaupt nicht. Ich greife ein paar von den mit Georges schwer lesbarer Handschrift beschriebenen Notizzetteln aus dem Haufen um das Foto seiner Frau heraus, um zu sehen, ob etwas Wichtiges darauf steht. Ich entziffere:

Candecor 3x tgl. / Realität ist das, was nicht verschwindet, wenn man aufhört, daran zu glauben / Wenn Internet nicht funktioniert: Netzwerkverbindung, Status der Verbindung anzeigen, Diagnose, Problem beheben / Candecor nicht vergessen! / Die Phantasie tröstet die Menschen über das hinweg, was sie nicht sein können, und der Humor über das, was sie tatsächlich sind. Albert Camus / Frau Rathing gratulieren! 50ster? / Candecor 3x tgl ...

Tja, kann das nun weg oder nicht? Braucht er diese Erinnerungshilfen und Kalendersprüche? Und findet er sie in dem Wust, wenn er sie braucht?

Unschlüssig hebe ich einen Zettel auf, der mir aus der Hand gefallen ist, und lese: *Grab Annika verlängern.*

Schon ist mein Ärger über Georges Chaos verflogen. Immer, wenn mich etwas daran erinnert, dass George seine Tochter als Kind verloren hat, kann ich ihm einfach nicht mehr böse sein. Sein eigenes Kind sterben zu sehen, das ist so schrecklich, dass ich es mir nicht vorstellen mag. Ich weiß, das ist feige. Als (Möchtegern?)-Schriftstellerin dürfte ich vor keinen Abgründen im menschlichen Leben zurückschrecken. Jedenfalls nicht in der Phantasie. Aber der Tod von Kindern, das mag ich mir nicht ausmalen. Davor scheut alles in mir zurück. Ich weiß, dass weltweit täglich Kinder sterben, auf grausamste Art, und ich bekomme deshalb keinen Nervenzusammenbruch, aber mich bewusst hineinzuversetzen in einen Vater, der seine Tochter verliert, in George, der als Arzt genauso hilflos wie jeder Laie zusehen musste, wie seine kleine Annika an einem Gehirntumor ... nein, ich kann nicht, ich will nicht und ich muss nicht! Ich muss es mir nicht vorstellen, denn ich will nicht darüber schreiben. Vielleicht kann ich das mit achtundsechzig. Wenn ich endlich reif bin für mein Debüt.

Ich werfe einen scheuen Blick auf das große Schwarz-Weiß-Foto der lachenden Annika, das über Georges Bett hängt, und hole frische Bettwäsche aus dem Schrank. Es klingelt an der Haustür. Bestimmt ein Paketbote. Die Beatles bestellen viel online und lassen es sich ins Haus liefern. Doch während ich Georges Kopfkissen beziehe, höre ich aus der Küche eine Kinderstimme heraufdringen und die fragt laut und deutlich:

»Wer von Ihnen ist Kristian Tugendhat?«
Nach einem kurzen Zögern antwortet Paul:
»Ich.«
»Dann sind Sie mein Großvater.«
Ich presse das Kopfkissen an mich und stehe still. Auch in der Küche scheint die Zeit stillzustehen. Kein Geräusch ist zu hören, keine Bewegung. Bis Pauls lautes Gelächter den Stillstand aufhebt. Immer noch lachend presst er hervor:
»Kleiner Komiker, was? Wie heißt du denn?«
»Leander.«
»Aha, Leander. Schöner Name. Und jetzt erzähl mal, was du wirklich hier willst. Ein Autogramm von mir?«
»Ich will hier wohnen.«
Jetzt brechen auch die anderen in Gelächter aus und reden durcheinander. »Aprilscherz«, höre ich heraus und »Wer hat den denn geschickt?«
Ich gehe leise aus Georges Zimmer und stelle mich ans Geländer, das den Zugang zur Wendeltreppe absichert. Von hier aus kann ich einen Blick nach unten in die Küche werfen. Mit dem Rücken zu mir sehe ich einen schmächtigen Jungen mit einem Schulrucksack, der breitbeinig vor dem großen Küchentisch steht, an dem die Beatles sitzen und lachend aufeinander einreden. Schließlich wendet sich Paul noch einmal an den Jungen, der sich die ganze Zeit nicht gerührt hat:
»Ich bin also dein Großvater, hmmh?«
»Genau.«
»Das Problem ist nur: Ich habe weder eine Tochter noch einen Sohn. Ich bin kein Vater, verstehst du, und ohne Vater zu sein, kann man kein Großvater werden. Das hat man euch in der Schule aber schon beigebracht, oder?«

Überlegen schmunzelnd blickt Paul den Jungen an. Der lässt seinen Rucksack von den Schultern gleiten, stellt ihn auf den Boden, holt ein kleines Album oder Notizbuch hervor und hält es Paul hin.

»Was ist das?«

»Oma Monis Tagebuch.«

Paul nimmt es nicht. Er schüttelt den Kopf.

»Was soll ich mit dem Tagebuch deiner Oma? Kannst du mir das vielleicht mal erklären?«

»Oma Moni war Ihre Frau.«

Wieder bricht Paul in Gelächter aus.

»Jetzt hör mal gut zu, kleiner Mann. Ich war nie verheiratet. Deine Oma Moni kann also nicht meine Frau gewesen sein.«

»Nein, nicht Ihre Frau ... mit verheiratet und so ... Sie haben aber mit ihr ... Scheiße! Warum versteh'n Sie mich denn nicht?«

Der Junge zieht die Hand mit dem Tagebuch zurück und lässt die Schultern hängen. Weint er? Von hinten gibt er ein Bild des Jammers ab. Von vorne offenbar erst recht, denn keiner der Beatles lacht mehr. Paul wendet sich hilfesuchend an Ringo:

»Was ist mit diesem Kind? Mach was! Du bist doch der Pädagoge hier!«

Ich höre noch, wie Ringo den Jungen fragt, ob er denn überhaupt schon gefrühstückt habe, es sei noch leckeres Rührei da, als mich Johns Blick trifft. Schnell ziehe ich mich vom Geländer zurück, hole mir den Staubsauger aus dem Abstellraum und sauge die freien Flächen in Georges Zimmer ab. Der Lärm müsste jedem klarmachen, dass ich nicht lausche. Zurzeit jedenfalls nicht. Aber der Lärm und die mechanischen Bewegungen hindern mein Hirn nicht am wilden Spekulieren über das bisher Erlauschte.

Nach einem Aprilscherz sieht mir das nicht aus. Was, wenn es stimmt, was dieser Leander behauptet? Hat Paul mir gegenüber nicht von den vielen Groupies geschwärmt, die er als junger Musiker *vernascht* hat? Aber sicher hat er das! Mit leuchtenden Augen! Das Wort *vernascht* fand ich hochnotpeinlich, daran erinnere ich mich genau. Und wenn er bei diesem *Vernaschen* ein Kind gezeugt hat, von dem er gar nichts weiß? Mit dieser Oma Moni? Die war ja nicht immer Oma, sondern vielleicht mal ein wildes Girl, ein hemmungslos schwärmender Fan von Paul, dem attraktiven Leadsänger und Gitarristen der Beating Boys? Einmal mit dem auf die Matratze – und schon ist es passiert? Aber warum hat sie es ihm dann nicht erzählt? Hat sie vielleicht einen anderen geheiratet und das Kind dem untergeschoben? In alten Romanen tun Frauen sowas andauernd. Uneheliche Geburt – das war doch ein Makel damals! Nicht wie heute, wo ein Drittel der Kinder unverheiratete Eltern haben. Und wenn das wirklich so war – lebt dieses Kind noch? So alt kann das ja noch gar nicht sein. Pauls Sohn oder Tochter. Paul als Vater. Paul als Großvater. Schwer vorstellbar für mich. Für ihn wahrscheinlich noch viel weniger! Oder ist das Ganze nur ein Hirngespinst dieses Jungen? Taucht hier einfach plötzlich auf und ... Aber was hat es mit diesem Tagebuch auf sich? Ist das echt? Oder ein Fake wie die Hitler-Tagebücher? Mir schwirrt der Kopf vor lauter Fragen.

Als ich Georges Zimmer gesaugt habe, gehe ich runter ins Erdgeschoss, um in der Küche aufzuräumen. Nur John sitzt noch am Küchentisch und starrt in die Luft. Paul sitzt im Wohnzimmer auf dem Sofa und liest, offenbar in dem ominösen Tagebuch, wenn ich das richtig sehe. George ist nicht zu sehen. Bestimmt macht er sich wieder im Garten zu schaffen. Und der Junge? Den entdecke ich zusammen mit Ringo im Studio. Er zupft, von Ringos sanften Beats begleitet, auf Pauls E-Gitarre herum. Jetzt sehe ich zum ersten Mal sein Gesicht. Ein hübsches Gesicht. Oder sagt man das nicht bei einem Jungen? Egal. Seit wann kümmere ich mich um diesen Gender-Mist? Hübsch, weil ebenmäßig. Schmale Nase, große braune Augen. Ein Jungengesicht, noch kein Jugendlicher. Er schaut mich an, fragend, ein bisschen ängstlich, ein bisschen trotzig. Ringo winkt mich heran:

»Leander, das ist Jana. Sie hilft uns im Haushalt. Jana, das ist Leander, er ist Pauls ... äh ... Pauls Großneffe.«

Großneffe?, denke ich und sage:

»Hallo, Leander!«

»Hallo. Nett, Sie kennenzulernen.«

Ein wohlerzogenes Kind!

»Du kannst mich ruhig duzen, wie die anderen hier.«

»Okay.«

Leander wendet sich wieder der Gitarre zu. Ringo erklärt mir, dass der Junge ein paar Tage bleibe und fragt, ob das Gästezimmer oben einsatzbereit sei.

»Klar!«, antworte ich, als ob das eine übliche Frage wäre. Das Zimmer ist noch nie benutzt worden. Weder sind Johns Kinder oder der Enkel aus Berkeley bisher hier aufgetaucht, noch haben irgendwelche Freunde im sogenannten Gästezimmer übernachtet. »Ich muss nur das Bett beziehen und mal kräftig durchlüften. Mach ich gleich, wenn ich mit der Küche fertig bin.«

Ich kehre um. Paul blickt nicht von seiner Lektüre auf, als ich an ihm vorbeigehe. John sitzt noch immer am Küchentisch und starrt in die Luft. Erst als ich anfange, den Tisch abzuwischen, schüttelt er seinen weißen Lockenkopf, blickt mich an und macht mit der Hand eine Geste, die ich als *Verstehst du, was hier abgeht?* interpretiere. Ich zucke mit den Schultern.

Ich verstehe nicht viel. Nur, dass die Beatles mir nicht vertrauen. Oder was sollte das mit dem Großneffen? Warum lügt Ringo mich an? Das gefällt mir nicht. Nein, das gefällt mir ganz und gar nicht!

Als ich am nächsten Morgen die Haustür öffne, setze ich ein unbeteiligtes Gesicht auf, obwohl ich vor Neugier darauf, was sich seit gestern getan hat, platze. Ich bin ja nur die Putze! Was geht's mich an?

Jedenfalls ist Leander noch da. Er sitzt mit den Beatles am Frühstückstisch, neben Ringo, und schüttet sich gerade Cornflakes aus einem riesigen Paket auf den Teller. Cornflakes habe ich noch nie auf dem Küchentisch gesehen, der dank seiner Größe genug Platz auch für diese Frühstücksgewohnheit bietet. Während die Beatles größten Wert darauf legen, abends gemeinsam das zu essen, was jeweils einer von ihnen gekocht hat, besteht beim Frühstück jeder auf seinen individuellen Vorlieben. John bereitet sich ein Müsli aus Haferflocken, Sanddornsirup, Joghurt und Früchten, für George muss es ein Roggenbrötchen mit Schinken und ein Sesambrötchen mit Käse sein, Ringo braucht sein Franzbrötchen und ein Buttercroissant und Paul vertilgt jeden Morgen Rührei mit durchwachsenem Speck trotz Johns ständiger Ermahnungen, das sei Gift für seinen Cholesterinspiegel. Paul behauptet steif und fest, von allem anderen bekomme er Sodbrennen und für ihn sei Rührei mit Speck die reinste Medizin. Jetzt sind also noch Cornflakes dazugekommen.

»Moin!«, grüße ich wie immer und erhalte wie immer ein Durcheinander von »Morgen!«, »Hey, Jana!«, »Moin, Moin!« und »Tachchen« zurück, gefolgt von einem leisen »Hallo!« aus Leanders Mund, der nur kurz aufschaut.

»Lasst es euch schmecken«, wünsche ich und verschwinde nach oben in den ersten Stock. Heute ist Ringos Zimmer dran und natürlich lasse ich beim Staubwischen die Tür offen stehen, doch aus der Küche höre ich nur plätscherndes Geplauder über das Wetter und den Garten. Leanders Stimme höre ich nur, als er auf die Frage, ob er Kaffee oder Tee trinke, antwortet »Kakao«.

Ärgerlich, weil ich so nicht erfahre, was es mit diesem Leander auf sich hat, ob Paul tatsächlich sein Großvater ist, wieso er hier wohnen will (wo sind seine Eltern?) und wie es weitergehen soll, wische ich über Ringos Regale.

Zum Glück ist Ringo ein sehr ordentlicher Mensch und ich muss nicht um Zettelberge herumwischen wie bei George. Die Fotoalben von seinen vielen Reisen, die ein ganzes Regal füllen, stehen sorgfältig beschriftet in chronologischer Reihenfolge. Ich staune immer wieder, wenn ich lese, wo er sich überall rumgetrieben hat: Indien, Ägypten, Kolumbien, Nicaragua, Chile, Russland, Australien, USA, China, ganz zu schweigen von vielen europäischen Ländern. Im Rollstuhl um die Welt! Mal mit seinem Kleinbus, der außer mit Klo und Bett mit einem elektronisch steuerbaren Lift ausgestattet ist, dann wieder mit dem Flugzeug, mit allen Arten von Taxis, Rikschas, gezogen von Fahrrädern, geschleppt von Trägern. Jeden Sommer in den großen Schulferien hat es ihn hinaus in die Welt getrieben. Er hätte wirklich etwas zu erzählen. Etwas Welthaltiges. Das wird doch jetzt immer von der Literatur gefordert. Er müsste ein Buch schreiben, nicht ich! Jedes Mal, wenn ich mit dem Staubtuch über Ringos Fotoalben wische, fühle ich, wie unerfahren ich bin. Auf jeden Fall bin ich nicht viel rumgefahren. Als Kind habe ich meine Sommerferien regelmäßig mit meinen Eltern in unserem Ferienhaus auf Amrum verbracht, nach dem Abi bin ich mit der Bahn durch Europa gegondelt – das war's. Ringo dagegen hat sich nicht nur auf allen Kontinenten getummelt, er hat auch überall Kontakte geknüpft, Freundschaften geschlossen und sie sogar über Jahrzehnte aufrechterhalten. Er ist ein begeisterter Intensivnutzer des Internets, mailt, twittert und skypt ständig mit aller Welt. Nicht zu vergessen das Behindertenprojekt im indischen Bangalore, das er seit Jahren unterstützt, für das er hier Spenden sammelt und das er immer mal wieder besucht. Er kann sich unglaublich darüber begeistern, mit wie viel Liebe und Engagement die einheimischen Projektmitarbeiter Krankengymnastik mit poliogeschädigten Kinder machen, kostenlose Staroperationen für Menschen vermitteln, die zu erblinden drohen, oder einem Mädchen mit einem verkümmerten Bein zu einer Ziege verhelfen, wodurch sie in ihrer Familie endlich nicht mehr als unnütze Esserin gilt – und entsprechend behandelt wird. Das Bild von Naomi mit ihrer Ziege, im Hintergrund die Familie vor ihrer Hütte, hat er mir erst neulich gezeigt und gesagt:

»Nur die Mitarbeiter vor Ort kennen die Strukturen und wissen, wie man wirklich helfen kann.«

Und helfen will Ringo immer noch, obwohl John sich oft über sein *Helfersyndrom* lustig macht, wie neulich am Frühstückstisch:

»Schick nur fleißig Spenden an deine Behinderten in Indien, schick nur, dann muss sich die Regierung nicht um sie kümmern und hat mehr Geld für Atombomben!«

Doch Ringo hat sofort gekontert:

»Du meinst also, die indischen Behinderten, die von ihrer Regierung und den meisten in der Gesellschaft wie der letzte Dreck behandelt werden, haben es nicht besser verdient. Sie hätten sich ja auch aussuchen können, in Deutschland geboren zu werden, oder wie?«

John hat irgendwas Beschwichtigendes von sich gegeben, doch Ringo war richtig angefressen und hat noch hinterhergeschoben:

»Wenn die Welt sich nicht im ganz großen Stil zum Guten bekehren lässt, dann bist du beleidigt und willst gar nichts mehr für sie tun.«

»Ach, hör doch auf! Diese Hilfe im Einzelfall, die bringt doch nichts, gar nichts bringt die, die verfestigt oft sogar noch die Strukturen, die das ganze Elend hervorbringen. Siehe bei uns die *Tafeln*. Kostenloses Essen für die Ärmsten – wie praktisch, dann können wir den Sozialstaat ruhig ruinieren, damit die Konzerne nicht ins Ausland gehen, das auch seinen Sozialstaat ruiniert, damit die Konzerne nicht zu uns ... Na, ja und so weiter. Du sättigst Hungernde und bahnst damit dem Raubtierkapitalismus nur den Weg, so ist das nämlich, genau so!«

Sie haben sich noch ziemlich lange gefetzt, was ich aber nicht mehr so genau mitgekriegt habe, ich muss ja auch mal was anderes tun als lauschen. Als ich nach der Arbeit runterkam, saßen sie allerdings wieder friedlich vereint im Wohnzimmer vor dem Fernseher und sahen sich eine alte Folge von den Simpsons an, in der Donald Trump als Präsident die USA in den Bankrott wirtschaftet. Tatsächlich hat es dieser schmierige Immobilienmogul ja jetzt allen Ernstes geschafft, Kandidat der Republikaner für die Präsidentschaftswahlen zu werden. Den kurz aufeinanderfolgenden Lachsalven nach zu urteilen, amüsierten Ringo und John sich königlich. Ich blieb kurz vor dem Fernseher stehen und sah zu. John drehte sich zu mir um und zwinkerte mir zu:

»Keine Angst! Am Ende siegt das Gute und Lisa Simpson wird Präsidentin.«

»Das ist auch in der Realität wahrscheinlicher als dieser Politclown Trump!«, verkündete Ringo und ich gab ihm lachend recht.

Während ich diesen Erinnerungen nachhänge, hat meine rechte Hand mit dem feuchten Tuch Ringos Fotoalben, Bücher und den wenigen Krimskrams abgewischt, der auf seinen Regalen steht. Zeit für den Staubsauger! Doch bevor ich ihn einschalten kann, höre ich Schritte auf der Wendeltreppe und sehe aus den Augenwinkeln Leander vorbeigehen. Die Tür zum Gästezimmer klappt zu. Im selben Moment höre ich von unten Johns Stimme nach mir rufen. Ich beuge mich über das Geländer:

»Was ist?«

»Jana, komm bitte mal runter zu uns! Wir wollen was mit dir besprechen.«

Interessant. Interessanter als Staubsaugen, das steht mal fest. Ob es um den angeblichen Großneffen geht? Bestimmt. Worum sonst?

Meine Überlegung erweist sich als genau richtig. Ich habe kaum Platz genommen, als John mir eine Tasse Tee und danach reinen Wein einschenkt. Leander sei nicht Pauls Großneffe, sondern sein Enkel.

»Aha«, sage ich und schaue Paul an.
Der schlägt die Augen nieder und sagt zum Küchentisch: »Tja, sieht so aus.«

»Aha«, fällt mir nur wieder ein und ich komme mir ziemlich blöd vor. Während Paul weiter seltsam unbeteiligt auf den Küchentisch starrt, erklärt John mir die Sachlage, wie er es nennt. Paul, der in jungen Jahren unersättliche Schürzenjäger, pardon, Womanizer heiße das heute ja, also der ungestüme und damals noch potente Paul ...

»Fuck you, John!«

John lässt sich von Paul nicht beirren und erklärt weiter, Paul habe mit einer Monika ein Kind gezeugt, Backstage nach einem Konzert der Beating Boys, die pikanten Einzelheiten stünden im Tagebuch dieser Monika, würden uns aber von Paul, der das Tagebuch gestern gelesen habe, leider vorenthalten.

Paul blickt entnervt hoch zur Decke. John setzt seinen Monolog fort:

»Wie auch immer: 1974 kam Simone zur Welt. Monika legte offenbar keinen Wert auf die Mithilfe des Erzeugers bei der Erziehung der kleinen Simone, ja sie hat ihn noch nicht mal über sein Vaterglück informiert. Warum eigentlich nicht, Paul?«

»Das tut jetzt nichts zur Sache«, murmelt Paul.

»Wahrscheinlich gehörte sie zu den frauenbewegten *neuen Müttern*, die damals meinten, dass Männer sowieso nur stören«, mutmaßt John. »Ihre Tochter Simone meinte das jedenfalls nicht. Als sie erwachsen war und schwanger wurde, hat sie geheiratet und zusammen mit dem Vater das Kind großgezogen.«

John lehnt sich befriedigt zurück und schaut mich an.

»Und dieses Kind ist unser Leander«, schiebt Ringo noch hinterher, als hätte ich das nicht längst verstanden. Aber: *Unser Leander?* Das geht mir jetzt alles zu schnell. Doch bevor ich noch etwas sagen kann, entschuldigt sich Ringo bei mir, dass er mir gestern Leander als Pauls Großneffen vorgestellt hat. Leander habe sie ganz verrückt gemacht mit seinem *Niemand darf wissen, dass ich hier bin.* Sie seien einfach alle noch vollkommen durcheinander gewesen und hätten nicht gewusst, wie sie auf die Situation reagieren sollten. Und, ehrlich gesagt, wüssten sie es immer noch nicht. Vielleicht hätte ich ja eine Idee?

Ich? Wieso ich? Was hab ich mit der Sache zu tun, empört sich etwas in mir, aber ich frage ganz sachlich:

»Wo ist denn überhaupt das Problem?«

Ringo schiebt schweigend seinen Laptop zu mir rüber. Auf dem Bildschirm lacht Leander mich an, etwas jünger, mit viel längeren Haaren, aber doch unverkennbar der Junge, der jetzt oben im Gästezimmer hockt. Unter der Überschrift *12jähriger aus Glückstadt vermisst* lese ich:

Gestern Abend wurde der 12jährige Leander Scheibner aus Glückstadt von seinen Großeltern, bei denen er seit dem Unfalltod seiner Eltern lebt, als vermisst gemeldet. Als er nach der Schule nicht nachhause kam, riefen seine Großeltern den Klassenlehrer an und mussten erfahren, dass Leander nicht zum Unterricht erschienen war. Offenbar ist der Junge von zu Hause ausgerissen. Er hinterließ eine schriftliche Nachricht.

Seine besorgte Großmutter vertraute unserem Reporter an: »Leander ist durch den Tod seiner Eltern sehr labil. Er braucht mehr denn je Führung und Halt im Leben! Hoffentlich wird er bald aufgefunden und zurückgebracht.«

Die Großeltern appellieren an die Öffentlichkeit: Wer hat Leander seit gestern Vormittag gesehen? Er ist ca. 1,50 m groß, hat braune Augen, kurzes braunes Haar und war mit einer hellgrauen Stoffhose und einem weißen kurzärmeligen Oberhemd bekleidet. Hinweise bitte an jede Polizeidienststelle.

»Die nächste Polizeidienststelle ist in der Grundstraße«, sage ich. »Und schon ist das Problem gelöst.«

Ich schaue in enttäuschte Gesichter, nur Paul wirkt weiter völlig unbeteiligt, obwohl es ihn doch am meisten betrifft. Schließlich ist Leander sein Enkel.

»Jana«, sagt Ringo sanft, »der Junge ist nicht aus Jux und Dollerei von seinen Großeltern abgehauen. Das sind offenbar grauenhafte christliche Fundamentalisten, bei denen er nur den lieben langen Tag beten muss. Und der Großvater hat sogar eine Weidengerte auf dem Küchenschrank liegen, hat Leander uns erzählt.«

Ich zucke zusammen. Kindesmisshandlung?

»Wenn der Mistkerl Leander geschlagen hat, alarmiert ihr den Kinderschutzbund und das Jugendamt, ganz einfach.«

Doch leider ist es wohl doch nicht so einfach, macht Ringo mir klar, denn geschlagen wurde er nicht und bei seiner Betreuerin vom Jugendamt sei er mit seiner Beschwerde über das strenge christliche Regime seiner Großeltern auf taube Ohren gestoßen.

Das ist der Moment, in dem Paul sich endlich einmischt:

»Was ist so schlimm an einer christlichen Erziehung, verdammt nochmal? Der Junge ist einfach überempfindlich. Ich bin in einem evangelischen Pfarrhaus aufgewachsen und hab's auch überlebt!«

»Ich glaube nicht, dass man ein evangelisches Pfarrhaus mit einer fundamentalistischen Sekte vergleichen kann«, wende ich ein und ernte bestätigendes Nicken, nach kurzem Zögern sogar von Paul. »Außerdem finde ich es nicht gut, wenn wir uns hier über den Kopf von Leander hinweg beratschlagen. Ich möchte hören, was er selbst sagt. Soll ich ihn mal runterholen?«

Alle vier nicken. 272 Jahre geballte Lebenserfahrung finden, dass die Jugend einen guten Vorschlag gemacht hat.

Leander

Oh, Mann! So schwierig hat er sich das Ganze nicht vorgestellt!

Leander sitzt an dem kleinen Schreibtisch im Gästezimmer und starrt aus dem Fenster. Halb versteckt hinter Büschen schleicht eine Katze herum, doch das nimmt er nur am Rande wahr. Er denkt an den Tag zurück, an dem er zum ersten Mal in Oma Monis Tagebuch gelesen hat.

Er ist so glücklich gewesen, als er entdeckte, dass er noch einen Opa hat! Das war wie ein nachträgliches Geschenk Oma Monis. Noch aus dem Grab heraus sorgt sie für ihn, so hat er das empfunden. Er musste diesen Opa nur finden und zu ihm fahren und dann hätte er endlich wieder ein Zuhause. Ein richtiges Zuhause und nicht nur ein Dach überm Kopf wie bei den Eltern seines Vaters, die einen echten Dachschaden hatten.

Und jetzt? Jetzt ist er in der plastikmüllsackgelben Villa, die ein Yellow Submarine sein soll, aber hat er ein Zuhause? Sein Opa, der sich Paul nennt, scheint sich überhaupt nicht für ihn zu interessieren! Das findet er viel schlimmer als die Tatsache, dass er nicht allein wohnt, wie er geglaubt hat, sondern mit drei anderen Alten zusammen, die einen auf Beatles markieren und alle mitbestimmen wollen, was aus ihm, Leander, denn nun werden soll.

Immerhin hat der Rollifahrer, der sich Ringo nennt, gestern die erregte Debatte abgebrochen und gemeint, Paul solle erst mal in Ruhe Oma Monis Tagebuch lesen und morgen sei auch noch ein Tag. Danach hat er Leander mit ins Studio genommen. Dass die ein eigenes Studio hier haben, mit allen Schikanen, das ist wirklich der Hammer! Und er durfte sogar auf Pauls E-Gitarre spielen! Ob er denn Songs von den Beatles kenne, wollte Ringo wissen. Da musste er lachen, denn Oma Moni hatte alle Platten von dieser Oldie-Band, und fast immer, wenn er bei ihr war, drehte sich eine davon auf dem Plattenteller.

»Dann versuchen wir's mal mit dem Opening von *Yeah, Yeah, Yeah*«, hat Ringo vorgeschlagen, ihm Pauls Gitarre in die Hand gedrückt, sich ans Schlagzeug gesetzt und nicht schlecht gestaunt, dass Leander nicht nur die ersten Akkorde voll drauf hatte.

Es klopft an der Zimmertür. Jana kommt herein, die Putzfrau, und bittet ihn, mit nach unten zu kommen. Die Beatles würden gern mit ihm zusammen nochmal ausführlich über die Situation sprechen, wollten gemeinsam mit ihm beraten, wie es weitergehen solle.

Er findet es immer noch ein bisschen merkwürdig, dass selbst die Putzfrau die Rentner-WG hier ganz selbstverständlich *Die Beatles* nennt, aber das Merkwürdigste sind wohl die vier selbst. Merkwürdig, aber irgendwie auch cool! Und ein bisschen ist es so, als ob dadurch Oma Monis Geist durch dieses Haus schwebt. Die hat in ihrem Tagebuch den *wahnsinnig tollen Sänger*, in den sie *hemmungslos verknallt* war, auch nur Paul genannt, nach diesem Paul McCartney von den Beatles. Leander konnte von Glück sagen, dass sie in einer einzigen Eintragung in Klammern dahintergesetzt hat: *bürgerlich Kristian Tugendhat*. Wieso bürgerlich? Das hat er nicht verstanden, aber ihm war sofort klar, dass das wohl der echte Name des *wahnsinnig tollen Sängers* war. Unter dem

Namen Paul hätte er lange nach ihm googeln können! Aber unter Kristian Tugendhat hat er nicht nur seine Adresse gefunden, sondern sogar einen Eintrag auf Wikipedia und erfahren, dass der Großvater, nach dem er fahndete, unter dem Pseudonym *Kris Untugend* als Sänger und Gitarrist bekannt sei. Sein Opa – ein Mann mit vielen Namen! Aber vor allem: ein Musiker! Das fand er aufregend und es hat ihm den letzten Schub gegeben, sein Schicksal auf diese Karte zu setzen, auf diesen ihm unbekannten Mann. Er war sich sicher, dass Oma Moni ihn zu ihm hinführen wollte. Sein Opa würde ihn in die Arme nehmen, für ihn sorgen, ihn beschützen. Alles würde gut werden. Und jetzt? Jetzt behandelt der ihn wie einen Eindringling!

»Kommst du?«, fragt Jana. Leander zuckt mit den Achseln, steht auf und folgt ihr nach unten in die Küche. Vier erwartungsvolle Gesichter schauen ihn an. Er setzt sich an den Küchentisch und sie bitten ihn, er möge nochmal *seine Pläne erläutern*! Er hat keine Pläne, er hat nur einen einzigen Wunsch und den hat er doch gestern schon etliche Male laut und deutlich geäußert. Aber bitte, dann wiederholt er ihn eben noch einmal:

»Ich will hier leben.«

Und schon reden wieder nur die Erwachsenen. George scheint voll auf seiner Seite zu sein:

»Lass den Jungen doch, ... wenn er will. Ist doch schön ... ein Kind im Haus. Ich sehe da nicht ... ist kein Problem.«

Ringo findet es auch schön, sieht aber Probleme. Leander wird schließlich gesucht. Wie lange können sie ihn hier verstecken? Oder gibt es vielleicht doch eine Möglichkeit, mit dem Jugendamt zu verhandeln? Warum sollte Leander nicht bei seinem Großvater Paul statt bei diesen Sektierern leben?

Die seien doch wirklich krass mit ihrem Teufelsglauben und der Drohung von Höllenstrafen! Da muss ein Kind ja bleibende Schäden davontragen, das sei ihm als Pädagogen sonnenklar.

John dagegen hält gar nichts davon, wenn ein Kind in einer Alten-WG aufwächst. Das sei für beide Seiten eine Zumutung. Und sie müssten sich bitte auch mal klarmachen, dass sie sich jetzt schon strafbar machten, weil sie einen polizeilich gesuchten Ausreißer vor den staatlichen Behörden versteckten. Das sei schlicht und ergreifend illegal.

»Illegal? Wer hat denn damals bei der Anti-AKW-Demo in Brokdorf am lautesten gerufen *Legal? Illegal? Scheißegal!* Das warst doch du!«, hält Ringo John vor.

»Was schert mich mein Geschwätz von vor dreißig Jahren?«, lacht John, doch sein Versuch, dem Gespräch eine humorvolle Wende zu geben, scheitert an Ringos unnachgiebigem Nachbohren:

»Was würdest du machen, wenn du ein Kind aus den Fängen einer salafistischen Sekte befreien könntest? Würdest du dann auch wie der letzte Spießer darauf beharren: Aber nur, wenn es legal ist?«

Ab da eskaliert die Diskussion munter weiter. Leander versteht überhaupt nicht mehr, worum es geht. Um ihn jedenfalls nicht mehr! John und Ringo ereifern sich über christlichen und islamischen Fundamentalismus, Merkels Flüchtlingspolitik und das Asylrecht, die Inquisition und die Hexenverfolgung, von irgendwoher tauchen sogar Papst Franziskus und der Dalai Lama auf, aber gleich wieder ab; bei der Frage, ob Religionen friedensstiftend oder kriegsfördernd seien, können sich John und Ringo trotz immer lauter und heftiger vorgetragener Argumente nicht einigen, und als sie bei deutschen Kriegseinsätzen im Ausland angelangt sind, artet das Ganze endgültig in Beschimpfungen aus. Ringo nennt John einen Kriegshetzer, der aus Afghanistan nichts gelernt habe, John nennt Ringo einen pazifistischen Traumtänzer, der die achttausend Ermordeten von Srebrenica einfach verdränge. George, der immer mal wieder »Nun regt euch mal langsam ab!« dazwischenruft, kann die beiden nicht bremsen und Paul schweigt. Erst als Jana ruft »Verdammt noch mal, seht ihr denn nicht, was eure Hahnenkämpfe bei dem Jungen anrichten?«, herrscht plötzliche Stille und alle wenden sich wieder Leander zu.

Er wischt sich schnell eine Träne aus dem Gesicht und würde vor Scham darüber am liebsten im Boden versinken.

»Ihr werdet mich nicht los!«, schreit er. »Und wenn ihr mich den Bullen ausliefert, hau ich sofort wieder ab! Ich kann mich auch mit Dealen durchbringen. Ich weiß schon, wo ich den Stoff herkriege. Macht doch einen Junkie aus mir! Mir doch egal!«

Leander steht so plötzlich auf, dass sein Stuhl nach hinten kippt. Er hebt ihn nicht auf, rennt davon, die Wendeltreppe rauf, zurück ins Gästezimmer und schmeißt sich aufs Bett. Wie besessen drischt er mit seinen Fäusten auf das Kopfkissen ein. Keiner will ihn! Keiner liebt ihn! Warum ist seine Mama nicht mehr da? Warum ist sein Papa nicht mehr da? Warum hat Oma Monis Herz versagt? Wenn sie nicht gestorben wäre, wären seine Eltern nicht nach der Wohnungsauflösung auf der Landstraße gewesen, als der Lastwagenfahrer die Kontrolle verlor. Warum ist der nicht ein paar Sekunden vorher oder nachher eingenickt? Warum? Es ist alles so ungerecht! Warum will dieser verdammte Paul nichts von ihm wissen? Er ist so allein! So verdammt allein!

Warum? Warum? Warum?
Als er eine Hand an seiner Schulter spürt, dreht er sich ruckartig um. Es ist Jana.
»Was willst du?«, faucht er sie an, während er sich aufsetzt. »Man geht nicht einfach so in fremde Zimmer! Verschwinde! Ich brauch niemanden!«
Jana lässt sich nicht verscheuchen, nimmt noch nicht mal die Hand von seiner Schulter und redet mit ruhiger Stimme auf ihn ein:
»Du brauchst niemanden? Das ist einfach Bullshit, Leander. Jeder braucht jemanden. Auch du. Vielleicht willst du mich nicht, mag sein. Aber im Moment bin ich nun mal da und das ist besser als niemand, glaub mir. Gib mir eine Chance! Vielleicht kann ich dich ja besser verstehen als die Oldies dort unten?«
Leander vergräbt seinen Kopf wieder in das Kissen, er bleibt misstrauisch, aber er möchte auch nicht mehr unbedingt, dass Jana abhaut. Allein sein ist Bullshit, das stimmt. Und wie das stimmt! Und eigentlich will er auch, dass sich jemand um ihn kümmert. Auf Paul und seine Kumpane ist ja überhaupt kein Verlass!
»Die machen sich ins Hemd da unten wegen Polizei und Jugendamt«, stößt er hervor. »Richtige Feiglinge sind das!«
Jana setzt sich neben ihn aufs Bett und überlegt eine Weile, bevor sie sagt:
»Tja, weißt du, ich glaube, alte Leute denken einfach mehr darüber nach, was alles passieren kann. Die haben ja auch schon 'ne Menge erlebt und manchmal auch schlimme Sachen.«
»Nicht so schlimme wie ich!«
»Wieso? Ach verdammt! Entschuldige, ich ...«

Es ist zu spät. Alles bricht wieder über Leander herein, alles, wovor er davongelaufen ist, holt ihn ein. Er weint nicht, nein, er schnappt nach Luft, als würde er ertrinken, japst, röchelt, gleich wird er ersticken ...

Jana schaut ihn entsetzt an, fragt mit Panik in der Stimme: »Asthmaanfall?«

Das bringt ihn seltsamerweise wieder zu sich, aus seinem Röcheln wird ein Keckern, ein Kichern, ein hemmungsloses Lachen, das schließlich auch Jana ansteckt. Als es langsam abebbt, bittet sie ihn:

»Magst du mir von deinen Eltern erzählen? Du musst sie doch schrecklich vermissen!«

Am Abend liegt Leander im Bett und starrt an die Decke. Er fühlt ich erschöpft und leer, aber auch seltsam leicht, als wäre es ihm gelungen, das Gewicht, das ständig auf seiner Brust gelastet hat, für eine Weile wie ein Gepäckstück in eine Ecke des Gästezimmers zu verbannen. Da steht es im Dunkeln, schattenhaft sichtbar und er weiß, er ist es nicht losgeworden, aber vielleicht hat es ein wenig an Gewicht verloren, wenn es ihn das nächste Mal niederdrückt.

Leander ist froh, dass er es gewagt hat, ein paar Erinnerungen hervorzuholen und Jana von seinem Leben vor der Katastrophe zu erzählen. Er hat die besten Eltern der Welt gehabt, hat am tollsten Ort der Welt gelebt und die tollste Kindheit der Welt verbracht! Aber das wusste er damals nicht. Damals war ihm sein Leben so selbstverständlich erschienen, manchmal langweilig, manchmal sogar richtig nervig. Sein Heimatort Brunsbüttel war trotz der berühmten Schleusen in den Nord-Ostseekanal nur eine stinknormale Kleinstadt, das Einfamilienhaus mit Garten, in dem er aufwuchs, kein Ort für spannende Abenteuer. Papa reparierte sein kaputtes Spielzeug zwar gern und nie ohne den Spruch *Dem Ingenör ist nichts zu schwör* auf den Lippen, doch hatte er wegen seiner vielen Überstunden nur selten Zeit für ihn. Und Mama? Die war unerbittlich darauf bedacht, ihn zu Höchstleistungen in der Schule anzuspornen. Und dazu noch die Quälerei mit dem Geigenunterricht! Das alles hat Leander nicht vergessen, aber die Erinnerungsbilder, die sich ihm immer wieder aufdrängen, zeigen ihm seine Vergangenheit in einem mittäglichen Licht, in dem nichts Schatten wirft. Er sieht endlose Sonntage im Winter, an denen Mama, Papa und er am Wohnzimmertisch, gewärmt vom Fliederbeergrog, um den Sieg in Malefiz, Monopoly, Scrabble oder Siedler von Catan fochten. Er sieht endlose Sonntage im Sommer, in denen er mit Mama und Papa hinter der Schleuse am alten Hafen im Kanal schwamm, wobei sie sich gegenseitig johlend mit Wasser bespritzten. Er sieht Mama, die ihm zum dritten Mal *Die unendliche Geschichte* vorlas, als er schon längst selbst lesen konnte. Er sieht Papa, der mit ihm einen Papier-Drachen baute, der dann sogar flog. Er sieht so viele Bilder glücklicher Stunden einer normalen Kindheit, die ihm jetzt, wo nichts mehr normal ist, als Paradies erscheinen.

»Deine Erinnerungen können eine Wegzehrung sein für den steinigen Weg durch das unwirtliche Gelände, den du jetzt gehen musst«, hat Jana zu ihm gesagt.

Ja, das ist ein tröstlicher Gedanke. Er muss jetzt stark sein. Er muss die Alten-Crew hier überzeugen, dass sie in ihrem Yellow Submarine einen Moses brauchen, einen Schiffsjungen, wie er auf jedes anständige Schiff gehört. Und wenn sein Großvater Paul nichts von ihm wissen will, dann sind ja noch drei andere Opas zur Auswahl da. Die müssen doch einsehen, dass ihnen nichts so sehr zu ihrem Glück gefehlt hat wie ein zwölfjähriger Junge! Er wird sich nicht zurückschicken lassen! Er wird um seinen Platz hier kämpfen. Mit allen Mitteln.

Mit seinem neu erwachten Kampfesmut denkt Leander gründlich nach. Womit kann er sich bei den Beatles beliebt machen? Was mögen denn alte Leute? Wie konnte er Oma Moni glücklich machen? Ganz klar: Indem er sie zum Lachen brachte! Und am lautesten und längsten hat sie gelacht, wenn er ihr Witze erzählte. Davon konnte sie nie genug kriegen. Leander überlegt. Was für Witze kennt er? Blondinenwitze? Darüber konnten sich seine Klassenkameraden halb totlachen. Klar, das waren Jungswitze, aber die Alten da unten sind ja auch Jungs. Nur eben ziemlich alte Jungs. Er wird es einfach mal versuchen.

Jana

Während meiner letzten Schritte auf dem Weg zum Yellow Submarine tummeln sich in meinem Kopf noch Bilder von *Toni Erdmann*, dem Film, den ich gestern zusammen mit Mario gesehen habe. Ich war begeistert. Aus dem Stoff *Alt-68er-Vater und Tochter, die Karriere im enthemmten globalen Business macht* hätte leicht eine platte Komödie werden können. Stattdessen dieser subtile, zugleich wahnsinnig komische und tieftraurige Film! Mario hat allerdings einen ganz anderen Film gesehen. Er fand die Figur des Vaters *bescheuert* und die Tochter *einfach nur zickig*. Womit wieder einmal beweisen ist, dass wir völlig unterschiedlich ticken. Hinterher im Abaton Bistro haben wir uns noch ganz nett unterhalten und das war's. Keine Schmetterlinge mehr im Bauch. Aber das weiß ich ja schon lange. Ich drücke jedenfalls dem Film die Daumen, dass es mit dem Oscar für den besten ausländischen Film klappt. Dann gäbe es endlich mal internationale Aufmerksamkeit für einen deutschen Film, der weder von der Nazizeit noch von der DDR und der Wiedervereinigung handelt. Willkommen in der Gegenwart!

Die Gegenwart präsentiert sich mir gleich darauf am Frühstückstisch der Beatles mit betretenen Gesichtern und einer kindlichen Stimme, deren glockenreiner Klang durch die Küche schallt:

»Und der hier, der ist noch viel besser: Warum ist es gefährlich, eine Blondine zu schlagen? – Weil Sie ein Brett vor dem Kopf hat.«

Zur Veranschaulichung schlägt sich Leander mit einer Hand an den Kopf. Weil keiner lacht, fährt er hastig fort:

»Warum kommt eine Blondine mit einem Eimer Wasser in die Bank? Sie will ihr Konto löschen. Oder der hier: Warum läuft eine Blondine nackt durch den Garten? Damit die Tomaten rot werden. Versteht ihr nicht? Weil man doch rot wird, wenn man sich ... also, wenn man sich irgendwie schämt.«

»Moin!«, grüße ich laut in die Stille und die übliche Erwiderung »Morgen!«, »Hey, Jana!«, »Moin, Moin!« und »Tachchen« klingt regelrecht erleichtert. Auch Leanders »Hallo!« klingt mehr nach einem erlösten Seufzen als nach einem Morgengruß.

»Na«, versuche ich die Situation aufzulockern. »Da hab ich aber Glück, dass ich nicht blond bin!«

»Sind doch nur Witze«, erklärt Leander, doch John schüttelt verärgert den Kopf:

»Das ist einfach primitiv, Leander. Beim nächsten Mal sind es die Türken, die Polen, die Schotten, die Behinderten oder was weiß ich. Und dann die Juden. Das ist nicht lustig, das ist diskriminierend. Weißt du, was das Wort bedeutet?«

Leander nickt unmerklich und schweigt beschämt. Ringo schweigt nicht:

»Wie war das noch mit den Ostfriesenwitzen, über die wir uns hier beömmelt haben, dear John? Schwerste Beleidigung von Minderheiten!«

»Ach, Quatsch! Das nimmt doch niemand ernst. Ich meine, die Ostfriesen sind ja keine irgendwie angefeindete oder unterdrückte Minderheit ...«

»Aber die Blondinen werden angefeindet und unterdrückt? Das glaubst du doch selbst nicht. Die meisten

Männer stehen auf blonde Frauen!«
»Gentlemen prefer blonds«, bestätigt Paul
»Meine Frau ... Katrin war ...«, versucht George sich einzumischen, wird aber gleich wieder von John unterbrochen:
»Ja, deine Katrin war blond, das wissen wir, George.«
Er winkt entnervt ab und wendet sich Leander zu:
»Du siehst, wir sind endgültig auf Stammtischniveau angekommen. Da passen ja deine Blondinenwitze ganz hervorragend. Hast du noch ein paar auf Lager?«
Leander senkt den Kopf und löffelt seine Cornflakes. Ich sehe ihn vor mir, wie er gestern auf seinem Bett lag. Ein Häufchen Elend! Ich war richtig froh, dass ich ihm wieder ein bisschen Lebensmut einflößen konnte. Und jetzt falten diese unsensiblen alten Männer ihn hier so zusammen. Ich könnte sie würgen!
»Könnt ihr mal aufhören, bitte?«, blaffe ich sie an. »Ein Kind, das selber nicht viel zu lachen hatte in letzter Zeit, will euch zum Lachen bringen. Vielleicht freut ihr euch einfach mal darüber?«
Ringo wirft mir eine Kusshand zu:
»Jana, ich liebe dich! Du hast ja sowas von recht!«
Er knufft Leander am Arm und zwinkert ihm zu:
»Wir sind furchtbare Stiesel, was, Leander?«
»Stiesel?«, fragt der irritiert.
»Sturköpfe, Blödmänner. Bist du dir wirklich sicher, dass du hier bei uns bleiben willst? Ein Rosengarten ist das nicht, das hast du wohl inzwischen bemerkt.«
»Wieso Rosengarten? Ich denk, das hier ist das Yellow Submarine! Ich will als Schiffsjunge anheuern und als Moses hat man's nie leicht. Das ist so bei der Seefahrt. Damit komm ich klar.«

Nach einem Moment der Verblüffung lachen alle vier Beatles erleichtert auf. Am lautesten lacht John, der, so scheint mir, Leander zum ersten Mal nicht mehr wie einen Störenfried, sondern mit Respekt ansieht.

»Und du meinst«, fragt er ihn, »du kannst es auch mit vier Kapitänen aufnehmen?«

Leander schaut mich an, als könnte ich ihm bei der Antwort helfen. Schließlich zuckt er mit den Achseln und sagt:

»Lieber mit vier Kapitänen als mit dem allmächtigen Gott aus Glückstadt.«

Wieder erntet er Gelächter. Sogar Paul lacht und fängt leise an, ihre Hymne zu singen. Bald fallen auch Ringo, George und Paul mit ein und schließlich schmettern sie alle zusammen *We all live in a yellow submarine*!

Ich nutze die entspannte Situation, um mich in den ersten Stock zu begeben. Die Putzerei erledigt sich nun mal nicht von allein. Während ich mir heute Pauls Zimmer vornehme, klingt das Lied schon bald aus dem Studio zu mir herauf, begleitet von allen Instrumenten und gesungen von Leander! Mit seiner klaren Knabenstimme trifft er erstaunlich sicher die Töne der Melodie:

So we sailed up to the sun
Till we found the sea of green
And we lived beneath the waves
In our yellow submarine

We lived beneath the waves. Wie passend, denke ich, als ich mit dem Staubtuch über Pauls angehäufte Erinnerungsstücke aus seinem Musikerleben wische. Unter den Wellen leben, das werden sie tun müssen, wenn niemand mitkriegen soll, dass ein gesuchtes Kind hier haust. Kann das gut gehen? Geht das überhaupt? Leander muss doch irgendwann mal rausgehen, er muss unter Kinder, er muss zur Schule. Er kann ja nicht einfach bis zur Volljährigkeit untergetaucht leben. Das ist schon eine abenteuerliche Vorstellung. Und ob die Beatles sich darauf wirklich einlassen werden? Das dürfte ihre so sorgfältig geplante Zukunft eines geruhsamen Senioren-Lebens gehörig durcheinanderwirbeln!

Ich arbeite mich mit dem Staubtuch über zwei Gitarren, eine Ukulele, eine Sitar und eine Oud voran bis zu den diversen Souvenirs von Musikerkollegen, die Paul sorgfältig auf einem langen Regal aufgereiht hat. Auf Bierdeckeln, Autogrammkarten, Plakaten, Programmzetteln, einem T-Shirt, einer Spielzeuggitarre und einem Fußball haben sie ihre Namen oder die Namen ihrer Bands verewigt. Ich kenne diese Namen nicht. So viel zur Ewigkeit. Es ist Pauls ganz privater Walk of Fame, sein Boulevard der Erinnerungen.

Welche Souvenirs werden auf meinem Regal später einmal zu Staubfängern, *when I get older losing my hair, many years from now*? Ich träume von einer langen Reihe Bücher, auf deren Rücken mein Name prangt. Jana Jessen. Das klingt doch! Wie schön, dass meine sonst so unpoetischen Eltern sich einen alliterierenden Vornamen zum wenig glanzvollen Familiennamen Jessen für mich ausgesucht haben! Leider müssen all diese Bücher meiner Träume mit meinem wohlklingenden Namen auf dem Rücken erst noch geschrieben werden. Also sollte meine Schreibblockade sich so langsam mal auflösen, verdammt noch mal! Für solche Spekerenzchen ist das Leben zu kurz. Ach ja, die Spekerenzchen! *Jana, mach nicht schon wieder Spekerenzchen*, das hat meine Oma oft gesagt. Als meine Deutschlehrerin mir das Wort in einem

Aufsatz rot anstrich und durch Sperenzchen ersetzte, wollte ich es erst gar nicht glauben, dass sie recht hatte. Auch heute noch klingt Sperenzchen für mich irgendwie kastriert und in meinen Selbstgesprächen erlaube ich mir weiterhin das Kindheitswort. Aber mein Problem mit Sperenzchen und Spekerenzchen dürfte sich bald von selbst erledigen, denn es gehört wohl auf die Liste der aussterbenden Wörter. Schade! Obwohl es der natürliche Lauf der Sprache ist, dass Wörter veralten und neue hinzukommen – ich werde meinen Spekerenzchen die Treue halten! Allerdings nur dem Wort, nicht der Sache selbst! Meine Gedanken über das Wort sind ja auch nur wieder eine hinterhältige Verzögerungstaktik meines Gehirns, um mich vom Nachdenken über einen beschreibenswerten Stoff für einen Roman abzuhalten! Ich kenne doch die fiesen Tricks meines elenden Denkorgans! Es legt mir immer neue Wörter als Barrieren in den Bewusstseinsstrom, so dass sich Strudel bilden, die den Strom auf seinem Weg zur Mündung aufhalten. Wann kommt endlich der unaufhaltsame Wasserfall, der alles mit sich reißt und sich mit rauschender Energie in ein aufnahmebereites Flussbett ergießt? Ich sehe diesen Wasserfall richtig vor mir, ein tolles Bild für den Schreibrausch, oder nicht? Aber auch die schönste Metapher ersetzt nicht die Tat! Ich nehme mir fest vor, mich nachher in meiner Dichterinnenklause an meinen Schreibtisch zu setzen und erst wieder aufzustehen, wenn ich wenigstens die erste Seite geschrieben habe!

Mein Entschluss beschwingt mich so, dass ich mit überschüssiger Energie einen Metall-Aschenbecher mit der Aufschrift *Star-Club – Treffpunkt der Jugend* vom Regal wische, der auf einen in der Nähe stehenden Sessel fällt. Als ich ihn aufhebe, sehe ich, dass noch etwas auf dem Sessel liegt:

das Tagebuch von Leanders Oma. Ich stelle den Aschenbecher zurück an seinen Platz und beäuge das lockende Objekt. Eigentlich ist klar, was ich tun muss: es auf Pauls Schreibtisch legen, damit ich nachher den Sessel absaugen kann. Aber meine Neugier flüstert mir etwas anderes ein: Warum wirfst du nicht einen kleinen Blick hinein? Vielleicht schreibst du ja mal irgendwann etwas über so ein Groupie aus den Siebzigern? Es geht doch nichts über das Studium einer authentischen Stimme, damit du dann den richtigen Ton triffst! Und was ist schon dabei?

Meine Scham versucht dagegenzuhalten und murmelt etwas von Anstand und Wahrung der schützenswerten Privatsphäre, aber ich habe das alte, abgegriffene Tagebuch schon in der Hand. Nur ein paar Seiten, nur um ein Gefühl für den Sound zu bekommen. Das macht doch nichts, das weiß doch keiner. Paul hat das Tagebuch schließlich auch gelesen und wer weiß, ob Leanders Oma das nicht viel unangenehmer gewesen wäre!

Mein Schamgefühl zieht sich beschämt zurück, ist endgültig besiegt. Nur die Angst vor Entdeckung hält mich noch zurück. Ich lausche. Von unten dringt weiter Musik aus dem Studio, jetzt allerdings ist es kein Beatles-Song mehr, sondern John singt mit der näselnden Stimme von Jan Delay:

Auf St. Pauli brennt noch Licht
Da ist noch lange noch nicht Schicht
Denn im Großen und im Ganzen
Ham wir allen Grund zum Tanzen

Ich grinse. Offenbar wollen die Beatles Leander demonstrieren, dass sie musikalisch durchaus nicht in den Siebzigern stehengeblieben sind. Auf jeden Fall geht die Session da unten hörbar weiter, so dass ich es wagen kann, einen klitzekleinen Blick in das alte Tagebuch zu werfen. Ich schlage es in der Mitte auf und lese unter dem Datum 30.9.1973:

Die Dreimonatsfrist ist um. Kein Trip nach Amsterdam. Tür zu, Ausweg verschlossen. Eigentlich hatte ich mich ja längst entschieden, aber da war irgendwie immer noch das Hintertürchen: Noch kannst du es dir anders überlegen. Jetzt sind die Würfel gefallen. Von den Alten sowieso keine Hilfe zu erwarten. Die rackern sich ab für Haus und Auto. Hatten schon für mich als Kind keine Zeit. Enkelkind hüten? Haha! Aber es gibt doch Mutterschutz oder sowas. Muß mal zum Betriebsrat. Und Kindergärten. Oder Kinderladen? Da kommt was auf mich zu! Aber ich pack das. Auch ohne Paul. Paul ist ein Arschloch! Hängt mit Biggi rum und guckt mich an à la: Wer ist das denn? Von wegen »I love you – eight days a week!« Am liebsten würde ich ihn ... Ach, es tut immer noch weh! Verdammt weh!!!!! Immer wieder lege ich Pink Floyd auf und höre mit Kopfhörer »Careful with that Axe, Eugene«, warte auf den Schrei, drehe so richtig laut auf! So schreien können!!!!!!

Mußte aufhören mit dem Schreiben. Jetzt geht's wieder. Ich will doch nicht mehr rumjammern!!! Paul. Das ist Vergangenheit. Ich muß das kapieren. Ich brauche diesen aufgeblasenen Wicht nicht! Alles Fassade! Wie konnte ich bloß auf so einen abfahren?

Hab mir gerade die ersten Seiten in diesem Tagebuch nochmal durchgelesen. Ich faß es nicht! Obwohl es doch erst ein paar Monate her ist, kommt mir das vor, als hätte es eine andere geschrieben. Ein naives, hysterisches Girl schwärmt da rum von ihrem Paul ... War das wirklich ich? Ich bin doch *kein Teenager mehr! Okay, Paul sieht toll aus, er ist ein super Sänger und der beste Gitarrist nach Jimi, und <u>vorher</u> war er auch supernett zu mir, aber <u>nachher</u> war ich für ihn nur noch Luft. Und das Vögeln mit ihm hab ich mir auch ganz anders erträumt. Da war null Romantik. Obwohl ich direkt danach hier noch seitenlang beschrieben hab, wie toll es war und wie glücklich ich bin. Hab mir doch geschworen, in meinem Tagebuch immer ehrlich zu sein. Kann ich nicht mal mehr mir selbst trauen? Und ich will Mutter werden? Jetzt muß ich erstmal ganz schnell richtig erwachsen ...*

»Arrrrrgggghhh!«

Ich schreie wie der unvorsichtige Eugene mit der Axt, als mir plötzlich das Tagebuch aus der Hand gerissen wird.

Paul! Oh nein! Wieso? Von unten klingt doch immer noch Musik herauf ... Doch Paul steht leibhaftig vor mir, das ist keineswegs sein Geist, der mich jetzt anblafft:

»Sag mal, spinnst du komplett? Schnüffelst in Sachen herum, die dich einen Scheißdreck angehen! Das kann ja wohl nicht wahr sein!«

Ich sacke in den Sessel und fange doch tatsächlich an zu zittern! Oh Gott, ist mir das peinlich! Verfluchte Neugier! Wie konnte ich nur!

»Es tut mir so leid«, stammele ich, »ich ... Das war unmöglich von mir. Ich bin selber entsetzt ...«

»Dass ich dich erwischt habe.«

»Nein! Das heißt: Ja, natürlich, auch darüber. Aber vor allem über mich selbst. Ich bin so schrecklich neugierig. Da kenn ich manchmal einfach keine Hemmungen. Das heißt: Ich kenn sie schon, aber ich setz mich über sie hinweg. Das heißt ...«

»Das heißt ... das heißt ...«, äfft mich Paul nach und verzieht verächtlich das Gesicht. »Das heißt: Du hast mein Vertrauen missbraucht!«

Plötzlich sieht er erschöpft aus, winkt ab und setzt sich auf das Bett. Er schlägt die Hände vors Gesicht. Meine vorhin so schnell in die Flucht geschlagene Scham triumphiert. Ich schäme mich, wie ich mich seit meiner Kinderzeit nicht mehr geschämt habe. Was habe ich bloß angerichtet!

Nach endlosen Minuten nimmt Paul die Hände vom Gesicht und schaut mich an:

»Und? Weißt du jetzt, was ich für ein verantwortungsloser Drecksack bin?«

Ich wehre mit den Händen ab und versuche, zu retten, was noch zu retten ist:

»Ich habe nur ein, zwei Seiten gelesen und das ist ja auch alles furchtbar lange her und ...«

»Lass gut sein, Jana. Es stimmt. Es stimmt alles, was diese Moni schreibt. Ich war ein Drecksack, Ende der Durchsage! Und soll ich dir noch was sagen: Ich weiß nicht mal mehr, wer Moni war. Nichts. Keine Idee, keine Erinnerung. Und auch damit hat sie recht: Wenn ich gewusst hätte, dass sie schwanger ist, hätte ich sie zur Abtreibung gedrängt. Und wenn sie das Kind partout hätte bekommen wollen, ihre Sache. Und hätte ich mich um das Kind gekümmert? Wohl kaum. Und bei mir wären nicht mal Alimente zu holen gewesen. Geld hat mich nie interessiert. Wenn ich's hatte, war's gut, wenn nicht, hab ich bei irgendwem geschnorrt. Ich als Vater? Eine Witznummer, wäre das gewesen. Bloß keine zum Lachen. So sieht's aus.«

Sein Blick wirkt fast ein bisschen triumphierend, als wäre er stolz auf seine eigene vernichtende Lebensbilanz. Aber blitzt in seinen Augen nicht auch ein wenig Hoffnung auf

meinen Widerspruch auf? Was kann ich sagen? Ich bin doch nicht seine Richterin! Ich kann ihn weder verurteilen noch lossprechen. Eben noch war ich die vor Scham vergehende Angeklagte! Mir fällt nur ein Gemeinplatz ein:
»Du hast dich seitdem doch verändert, Paul!«
Paul schnaubt verächtlich:
»So? Hab ich das? Ich fürchte nicht. Bin ich begeistert, dass plötzlich ein Enkel von mir hier aufgetaucht ist? Denke ich: wie toll, dann kann ich ja an ihm was gutmachen? Kann nachholen, was ich versäumt hab? Nicht die Bohne! Mir wäre es am liebsten, er würde sich in Luft auflösen, so wie sich früher auch all meine Probleme in Luft aufgelöst haben. Man muss sie nur lange genug nicht beachten, schwupp, weg sind sie. Ich will mich nicht um meinen Enkel kümmern müssen. Ich will Musik machen! Musik, das ist mein Leben. Musik! Ja! Ich bin Künstler, verflucht, und kein Großvater!«
Paul sackt in sich zusammen und schaut auf den Boden. Wir schweigen beide. Lange. Viel zu lange. Irgendwie tut er mir leid. Und irgendwie geht er mir furchtbar auf den Geist mit seinem *Ich bin Künstler*-Gehabe. Ich bin Künstler, also gelten für mich eure Normen nicht? Ich bin Künstler, also stellt an mich gefälligst keine Anforderungen, die das profane Leben betreffen? Ich bin Künstler, also muss ich mich nicht rechtfertigen für das, was ich anderen antue? Die Kunst als Blankoscheck dafür, ein Arschloch zu sein und sich dabei auch noch als was Höheres zu fühlen!
»Für mich hört sich das nicht nach Widerspruch an – Großvater und Musiker zu sein«, breche ich das Schweigen. »Hängst du da nicht den abgelutschten Rock'n Roll-Legenden nach? Live hard, die young? Und wenn's nicht klappt mit dem Tod im magischen 27sten Jahr? Dann muss man

vielleicht mal erwachsen werden und auch Verpflichtungen übernehmen, auch mal ...«

»Moment, Moment«, plötzlich strafft sich Paul, sitzt wieder aufrecht auf dem Bett und fragt überlegen lächelnd: »Wie alt bist du nochmal, Jana?«

»Ich habe noch Chancen auf ein glorreiches Ende mit siebenundzwanzig.«

»Und du willst mir altem Mann erzählen, ich sollte mal erwachsen werden? Hat dir schon mal jemand gesagt, dass du entsetzlich altklug bist?«

Er schüttelt den Kopf, schaut an die Decke, schaut wieder mich an und fängt plötzlich an zu lachen:

»Entschuldige! Ich finde das rasend komisch! Viel komischer als Leanders Blondinenwitze!«

Sein Lachen verebbt und endet in einen tiefen Seufzer:
»Das Allerkomischste daran ist: Du hast recht.«

Nach einem weiteren tiefen Seufzer und einem gemurmelten »Forever young! Pah!« lässt er wieder den Kopf hängen.

Hilfe! Ich finde die ganze Situation oberpeinlich. Was soll ich denn jetzt machen? Ich bin wirklich noch zu jung, um hier die Kummerkastentante und Ratgeberin in Fragen der richtigen Lebensführung zu geben! Doch jetzt scheint Paul mich auf einmal in dieser Rolle zu sehen, denn er beginnt, mir sein Herz auszuschütten!

»Weißt du«, sagt er und streichelt das Tagebuch, das er immer noch in der Hand hält, »weißt du, was mich fertig macht? Dass ich eine Tochter gehabt habe und sie vom ersten bis zum letzten Tag nicht gekannt habe. Das macht mich echt fertig. Ihr ganzes verdammtes Leben habe ich sie nicht ... Simone. Wer war sie? Wie war sie? Warum hat diese elende Moni mir nicht wenigstens von ihrer Existenz erzählt?

Vielleicht wäre ich damals doch noch ... okay, ich war jung und blöd und verantwortungslos und alles, mein Gott, aber wenn ich gewusst hätte, da ist ein Kind, irgendwann hätte ich doch bestimmt, ... oder nicht? Ich weiß es nicht! Aber sie hat mir ja auch nie die Chance gegeben! Und jetzt ist es zu spät. Aus. Finito. Ende.«

Die letzten Worte kann ich kaum noch verstehen, weil sie mit leisen Schluchzern vermengt sind. Oh, bitte nicht! Welchen guten Rat hätte eine Psychotante in diesem Fall parat? Es hat keinen Sinn, verschütteter Milch nachzutrauern? Kümmere dich um das, was du jetzt und in Zukunft noch machen kannst? Kümmere dich um Leander! Vielleicht findest du in ihm ja auch was von deiner Tochter, schließlich ist er ihr Sohn? Aber das kommt mir alles nur banal vor. Also sage ich bloß:

»Scheiße!«

»Ja.«

Paul nickt und dann schweigt er wieder. Endlos. Plötzlich steht er auf, schließt die Tür und dämpft so die Rap-Rhythmen aus dem Studio unten, die unser Gespräch die ganze Zeit untermalt haben, ohne dass ich sie wahrgenommen hätte. Vielleicht, weil sie so gar nicht zu meiner Stimmung passen. Paul greift sich eine der herumstehenden akustischen Gitarren, stimmt sie und spielt ein paar Akkorde, die ich sofort erkenne.

»Das hat John Lennon geschrieben, als er gerade mal fünfundzwanzig war. Der Junge war einfach so genial! Wie konnte er wissen, wie sich ein alter abgefuckter Typ wie ich irgendwann fühlen wird?«

Er summt ein bisschen, bevor er mit seiner immer noch klaren Stimme singt:

When I was younger, so much younger than today
I never needed anybody's help in any way
But now these days are gone, I'm not so self assured
Now I find I've changed my mind and opened up the doors

Help me if you can, I'm feeling down
And I do appreciate you being round
Help me, get my feet back on the ground
Won't you please, please help me

Er bricht das Lied ab und improvisiert auf der Gitarre weiter. Für mich unfassbar schnell bewegen sich seine Finger auf dem Instrument und entlocken ihm Kaskaden unterschiedlichster Töne. Paul schließt die Augen und manchmal stöhnt er leise, aber sein Gesicht überzieht ein Lächeln, während wilde Riffs und zarte Klänge sich abwechseln, er spielt und spielt und ich staune, bin wie gebannt, bis es an der Tür klopft und Leander ins Zimmer tritt. Paul schaut seinen Enkel prüfend an, als nähme er ihn zum ersten Mal richtig wahr und fragt:

»Was gibt's?«

»Ihr sollt runterkommen. Nochmal großes Palaver über meine Zukunft.«

»Na dann«, sagt Paul und stellt seine Gitarre zurück, »Zukunft ist immer gut.«

Leander

Leander sitzt am Schreibtisch und kaut am Kuli. Die Tür des Gästezimmers, nein, seit gestern ist es ja *bis auf Weiteres* sein Zimmer, hat er offen gelassen. Aus dem Studio klingt *Sympathy for the devil* herauf. Die Beatles spielen Stones-Songs und Paul versucht offenbar, seine Stimme so dämonisch wie die von Mick Jagger klingen zu lassen. Übermorgen wollen sie auf dem siebzigsten Geburtstag eines Kumpels von George auftreten und der war und ist ein eingefleischter Stones-Fan. Für die Beatles ist das kein Problem, sie seien da ganz unideologisch, hat John gesagt, dabei allerdings gelacht. War das nun ernst gemeint oder nicht? Leander ist sich oft unsicher, besonders bei John. Sie spielen jedenfalls voller Leidenschaft und Leander hört gern zu. Er hat schon immer gern Musik beim Hausaufgabenmachen gehört, bei seinen Großeltern in Glückstadt natürlich nur heimlich über Kopfhörer. *Sympathy for the devil*! Wenn die das wüssten! Sympathie für den Antichrist! Die würden tot umfallen. Die sind sowas von vorgestern! Die kennen nur Kirchenlieder und wahrscheinlich noch nicht mal die Beatles!

Leander nimmt den Kuli, dessen Plastikhülle schon deutliche Bissspuren aufweist, aus dem Mund und schreibt die Adresse seiner Großeltern auf die Postkarte, die vor ihm auf dem Schreibtisch liegt. Das wäre schon mal geschafft! Aber jetzt der Text. Er dreht die Postkarte um. Ein Foto von Notre-Dame in Paris. Immerhin eine Kirche. Eine Kathedrale sogar. Aber katholisch! Katholiken finden seine Großeltern fast so schlimm wie Atheisten. Ist nicht der Papst für sie auch so eine Art Antichrist? Aber egal. Ringo war gestern so froh, als er diese unbeschriebene Karte in einem seiner Kartons gefunden hat.

»Die passt doch!«, meinte er. »Du schreibst ein paar Sätze von wegen: Mir geht's gut. Macht euch keine Sorgen, sucht mich nicht et cetera pp. Ich schicke die Karte im Umschlag an meine Freunde in Paris, die frankieren sie und stecken sie ein. Schon ist die falsche Fährte gelegt.«

Er war richtig begeistert von seiner Idee. Überhaupt: jetzt, wo sich die Beatles entschieden haben, dass Leander *bis auf Weiteres* (immer wieder dieses *bis auf Weiteres*!) im Yellow Submarine untertauchen darf, überschlagen sie sich mit Ideen, was er alles machen kann, um nicht aufgespürt zu werden. Seine Haare lässt er einfach wieder wachsen, dann verschwindet der *ordentliche Jungenhaarschnitt*, den der Friseur von Oma und Opa Scheibner ihm verpasst hat, von selbst. Ringo hat ihm geraten, immer seine Brille mit Fensterglas zu tragen, wenn er nach draußen geht. Er wird aber sicherheitshalber erst mal gar nicht rausgehen, höchstens in den Garten hinter dem Haus. Nur nichts riskieren!

Er schreibt mit seiner besten Handschrift *Liebe Oma, lieber Opa*, obwohl er lieber schreiben würde *Bescheuerte Oma, obernerviger Opa*. Aber seinen wahren Gefühlen Ausdruck zu verleihen, wäre höchst unklug, das ist ihm schon klar. Er will seine Großeltern nicht unnötig reizen, sondern sie beruhigen. Also hält er sich an die Höflichkeitsformeln. Was hat seine Klassenlehrerin ihnen immer eingebläut? *Wenn jeder dem anderen ehrlich sagen würde, was er von ihm denkt, hätten wir uns schon längst gegenseitig ausgerottet. Also seid lieber höflich zueinander und lebt in Frieden.* Ganz

schön verlogen, eigentlich, aber wohl trotzdem richtig, findet Leander, und fühlt sich sehr erwachsen mit dieser Einschätzung. Er schreibt weiter:
... mir geht es gut. Ich hoffe, es geht euch auch gut. Ich bin hier in Paris bei Freunden von Mama.
Das ist gut, das ist sehr gut, lobt er sich selbst. Da können die Bullen lange rätseln, was das wohl für Freunde sind! Und Anfragen können sie noch und nöcher an die französischen Bullen stellen und dann antworten die ewig nicht und interessieren sich sowieso nicht für einen deutschen Ausreißer. Das klappt nie mit der europäischen Zusammenarbeit bei der Polizei, nicht mal bei Terroristen, das weiß man ja. So, aber wie jetzt weiter?
Es klopft an der Tür. Paul steckt seinen Kopf zur Tür herein.
»Stör ich?«
»Nein.«
»Ich wollte dir das hier zurückgeben.«
Paul betritt das Zimmer und hält ihm Oma Monis Tagebuch hin. Leander nimmt es entgegen, legt es auf den Schreibtisch und wartet. War's das oder kommt da noch was? Offenbar soll da noch was kommen, denn Paul wendet sich nicht zum Gehen, sondern steht verlegen herum, bis er murmelt:
»Und außerdem wollte ich dich fragen, ob ich dich noch was fragen darf.«
Wie schräg ist der denn drauf? Leander weist mit der Hand auf den Sessel:
»Setz dich. Fragen kostet nichts, hat Oma Moni immer gesagt.«
Paul setzt sich auf den Sessel mit dem etwas abgenutzten Bezug, den die Beatles bei der Einrichtung ihres Altersruhesitzes als ausreichend zweckdienlich für das nie genutzte

Gästezimmer befunden haben. Und der ist bequemer als sein eigener, stellt er gerade fest. Er faltet seine Hände, löst sie aber gleich wieder, legt sie in seinen Schoß, betrachtet sie ausgiebig, hebt den Kopf, schaut sich im Zimmer um, bis er schließlich mit einem entschuldigenden Lächeln Leander in die Augen sieht:

»Manchmal kostet manches Überwindung. Aber, na ja ... also ... was ich fragen wollte ... will: Wie war sie denn so, ich meine ... deine Mutter?«

»Sie war die beste Mutter der Welt!«

Leanders Antwort kommt wie aus der Pistole geschossen. Was für eine blöde Frage! Doch Paul sieht ihn immer noch erwartungsvoll an.

Nein! Leander will nicht mit Paul über Mama sprechen. Garantiert muss er dann heulen und das will er auf keinen Fall.

Paul wartet und wartet und Leander schweigt und schweigt, bis Paul abrupt aufsteht:

»Moment!«.

Er verschwindet, kommt aber gleich darauf mit zwei Gitarren zurück und hält eine davon Leander hin:

»Lust auf eine kleine Session?«

»Warum nicht?«

Leander nimmt die Gitarre entgegen und beide stimmen ihre Instrumente, bis Paul ihm zunickt. Leander fängt an zu spielen, improvisiert zaghaft ein bisschen herum, doch schon klinkt sich Paul ein und nach kurzer Zeit reagieren sie aufeinander, als wären sie ein lange eingespieltes Duo. Leander führt Melodien ein, die Paul aufnimmt, variiert, umspielt, verfremdet, mit einem technischen Können, von dem Leander nur träumen kann, aber auch mit einem untrüglichen

Gespür für die Möglichkeiten in den Melodien. Die Zeit verfliegt, bis sie irgendwann erschöpft die Gitarren sinken lassen und Leander Paul seine Faust mit gestrecktem Daumen hinhält:

»Wow! Geil! Du bist voll der Gitarrengott!«

»Oh nein! Bitte keine Gotteslästerung! Es gibt nur einen Gitarrengott und das ist Eric Clapton!«, wehrt Paul ab, aber geschmeichelt fühlt er sich wohl doch, schätzt Leander. Paul verteilt seinerseits freigiebig Komplimente für Leanders Gitarrenkünste, bevor er vorschlägt:

»Wollen wir morgen gleich mit dem Musikunterricht anfangen? Ein bisschen was kann ich dir vielleicht noch beibringen.«

»Jede Menge! Ich freu mich drauf!«

Und das meint Leander ehrlich. Hundertpro! Was für den anderen Unterricht, den er nach dem gestern lange diskutierten Plan der Beatles von ihnen erhalten soll, nicht unbedingt gilt. Er musste ihnen seinen bisherigen Stundenplan an der Schule aufschreiben und sie wollen heute beratschlagen, wer ihn in was unterrichten wird. *Bis auf Weiteres*, natürlich. Er hat auch brav alle Fächer aufgeschrieben, nur Französisch, das er hasst wie die Pest, ließ er unter den Tisch fallen. Hoffentlich merken sie das nicht!

»Willst du auch ein Glas Rhabarber-Schorle?«

Paul hat schon die Klinke in der Hand, als er Leander fragt.

»Ja, gerne«, ruft er ihm hinterher, auch wenn ihm eine Cola lieber wäre. Aber dann schmeckt ihm die Rhabarber-Schorle gar nicht mal so schlecht, die Paul ihm einschenkt.

»Versaftet und originalverkorkst von George«, grinst Paul und Leander grinst mit, obwohl er nicht wirklich kapiert,

was an dem Spruch witzig sein soll. Als sie ihre Gläser geleert haben, fragt Paul wie beiläufig:
»Konnte deine Mutter auch Gitarre spielen?«
»Mama konnte jedes Instrument spielen! Im Prinzip. Aber ihr eigentliches Instrument war die Harfe.«
»Harfe? Hmmh. Interessant. Spielte sie die ... so als Hobby ...?«

Leander macht ein verächtliches Gesicht. Wie kann Paul sowas denken! Er hat ja keine Ahnung von Mama! Na ja, wie soll er auch, wenn er, Leander, ihm nichts über sie erzählt, wird ihm plötzlich klar. Paul ist ja nicht nur sein Großvater, sondern auch Mamas Vater. Nur durch ihn kann Paul erfahren, was für eine tolle Tochter er gehabt hat. Und ist er das Mama nicht verdammt noch mal schuldig? Leander gibt sich einen Ruck:

»Nein, Mama war Berufsmusikerin, eine sehr gefragte Harfenistin, viel zu gefragt, hat Papa immer gesagt, weil sie andauernd auf Tournee war und ...«

Und Leander erzählt weiter und er muss überhaupt nicht heulen. Er erzählt von den Ensembles und Orchestern, in denen seine Mutter gespielt hat, erzählt von ihrem großen Auftritt in Japan, nach dem sie partout auch bei ihnen zu Hause sonntags eine Teezeremonie abhalten wollte mit hauchdünnen Teeschälchen, grünem Tee und allem möglichen Brimborium, was aber nach kurzer Zeit wieder zu ihrem gewohnten Ostfriesentee mit Kandis und *Wölkje* wurde.

»Das kann ich mir vorstellen«, lächelt Paul versonnen, und jetzt möchte Leander, dass er sich Mama noch viel besser vorstellen kann. Er erzählt von Mamas superleckerer Schoko-Kirschtorte, die sie ihm immer zum Geburtstag backte, er erzählt von Mamas Begeisterung für einen Musiker namens John Cage, die er überhaupt nicht mit ihr teilte (acht Minuten Stille, wie bescheuert war das denn?), und er erzählt Paul schließlich auch von Mamas Wahnidee, ihr Sohn würde an einer Lungenentzündung krepieren, wenn er im Winter ohne Mütze rausginge.

»Mütter sind manchmal ziemlich schräg drauf, da können die nichts für. Das ist so 'ne Hormonsache«, entschuldigt er sie aber sofort.

Paul nickt in männlichem Einverständnis und bestätigt, seine Mutter sei genauso gewesen. Dabei habe er Mützen gehasst und sich tausendmal lieber die Ohren abgefroren, als mit ihren selbstgestrickten Pudelmützen rumzulaufen. Und dann die plattgedrückten Haare, wenn man sie abnahm! Gruselig!

Leander und Paul genießen ihre Übereinstimmung und überbieten sich mit Beispielen für die Zumutungen, die sie durch ihre Mütter erleiden mussten. Das fing beim Schuhe abputzen vor der Tür an und hörte beim Zähneputzen nach jedem Essen noch lange nicht auf. Und beide mussten abends früh zu Bett gehen, damit sie am nächsten Tag in der Schule gut lernen konnten. Aber Paul hörte noch stundenlang mit Kopfhörer Radio, vertraut er Leander an, und Leander gibt zu, dass ihn sein Smartphone immer noch lange wach hielt.

»Hast du dein Smartphone nicht mitgenommen, als du aus Glückstadt abgehauen bist?«, will Paul wissen.

»Nee! Das hab ich in einen Teich geschmissen. Wenn ich das hier hätte, würden die mich orten, hundertpro. Das können die sogar, wenn es nicht an ist.«

Das kann Paul sich zwar nicht vorstellen, aber er behält seine Einschätzung für sich und signalisiert Verständnis für Leanders schwierige Situation:

»Dann bist du ja jetzt voll auf Smartphone-Entzug, Mann. Cold turkey, was?«
»Cold turkey?«
»Drogenentzug auf die harte Tour. Von heute auf morgen und ohne Medikamente. Gibt's auch 'nen Song von John Lennon drüber. Hat er geschrieben, nachdem er das zusammen mit Yoko durchgezogen hat.«
»Kenn ich nicht, den Song. Den hatte Oma Moni nicht auf ihren Platten. Hat der echt Drogen genommen, John Lennon?«
Paul grinst:
»Aber hallo! Sogar Heroin. Der Entzug war die Hölle, wie er schreibt, aber rausgekommen ist immerhin ein toller Song. Was mal wieder beweist: Es gibt nichts Besseres für die Kunst als Unglück für den Künstler.«
»Ich will auch Künstler werden, ... aber ich weiß nicht ... ich will auch glücklich werden. Meinst du echt, das geht nicht?«
Paul lacht zuerst, als hätte Leander einen Witz gemacht, aber dann blickt er nachdenklich erst auf seine Gitarre, dann wieder auf Leander:
»Du schleppst ja schon ein richtig schweres Unglückspaket mit dir rum. Das reicht allemal, um Künstler zu werden. Willst du das denn wirklich?«
»Ja! Musiker. Wie du.«
»Und wie deine Mutter.«
»Mehr so wie du.«
»Oh Mann, das ist verdammt hart, weißt du das? Nein, das weißt du nicht. Du siehst nur die großen Stars! Die wenigen, die im Rampenlicht stehen. Aber die im Dunkeln sieht man nicht, um den guten alten Brecht zu zitieren. Und

das ... das ist nicht witzig, weißt du? Wenn du nicht gesehen wirst, wer bist du dann? Dann bist du ein Niemand.«

»Quatsch! Man ist immer noch man selbst.«

»Das gute alte unzerstörbare Selbst, was? Wie schön, dass wenigstens noch Kinder daran glauben«, sagt Paul mehr zu sich als zu Leander und schaut ihn wehmütig an. Der versteht nicht, worauf Paul hinauswill, es interessiert ihn auch nicht. Ihn interessiert, ob Paul früher auch Drogen genommen hat, aber das traut er sich nicht zu fragen.

»Du warst nicht im Dunkeln. Du hast doch Erfolg als Musiker gehabt«, wirft er stattdessen ein. Auf Google hat er vor seiner Flucht auf der Suche nach dem Großvater etliche Einträge über Kris Untugend alias Kristian Tugendhat gefunden, der jetzt als Paul vor ihm sitzt. »Du hast in richtig berühmten Bands mitgespielt. Auf Wikipedia steht 'ne ganze Liste.«

»Mitgespielt«, Paul spuckt das Wort förmlich aus. »Ich hab mich zu wenig darum gekümmert, mir was Eigenes aufzubauen, verstehst du? Es lief ja immer was und morgen ist auch noch ein Tag. Plötzlich war ich vierzig! Und wenn du dann durchstarten willst, schau'n sie dich nur mitleidig an. Da kann deine Musik noch so gut sein, du bist kein Leckerbissen mehr für die Teenies. Das hat mir so'n bekloppter Producer von 'nem Major-Label offen ins Gesicht gesagt.«

»Warum hast du nicht einfach was bei YouTube hochgeladen oder mit Crowdfunding ...«

»Klingelingeling! Aufwachen! Das gab's da alles noch nicht. Ich hab mir damals ein teures Studio gemietet und Demotapes rumgeschickt – kein Schwein wollte mehr fetzigen Rock oder Beat. Mainstream-Pop war angesagt. Und diese Sänger mit ihren Piepsstimmen. Ich hab nie verstanden, was an den Heulbojen dran sein soll. Plötzlich sollten wir keine Männer mehr sein, sondern möglichst androgyn rüberkommen ...«

»Andro ...? Was ist das?«

»Nicht Fisch, nicht Fleisch, hat meine Oma immer gesagt.« Als Leander immer noch verständnislos guckt, ergänzt Paul es durch ein unwilliges »Nicht Männlein und nicht Weiblein.«

In Leanders Gesicht leuchtet die Erkenntnis auf:

»Ach so! Transen, meinst du.«

»Transgender, Intersexuelle, Trans mit irgendwelchen Sternchen ... keine Ahnung. Das wird in der Popkultur ja geradezu als Ideal vermarktet. Ich bin aber ein stinknormaler Mann ... und das ist auch gut so! Ich bin stolz auf meine tiefe Stimme und ich hätte mir nie Frauenklamotten angezogen, nur um Erfolg zu haben. Geh mir an Land!«

Paul schiebt mit weit ausholender Gebärde einen unsichtbaren Widerstand zur Seite, sieht Leander forschend an wie ein ermittelnder Kommissar im Fernsehkrimi, richtet den Zeigefinger auf seine Brust und fragt:

»Was ist deine Lieblingsmusik?«

Leander muss nicht lange nachdenken:

»Rap und Hip Hop.«

Paul nickt zufrieden:

»Da können wir uns treffen! Das ist auch wieder Musik nach meinem Herzen. Echter, ehrlicher Rhythmus, tief aus dem Bauch! Und Texte, die was wollen. Zum Teufel mit dem Drumcomputer, mit den Glitzer-Shows und den Stars aus der Retorte!«

Er hebt die Hand hoch, mit der Innenfläche nach außen. Leander klatscht mit seiner Hand dagegen. Sie grinsen sich an, als hätten sie einen Pakt geschlossen. Paul erhebt sich vom Sessel, die Gitarre, auf der er gespielt hat, in der Hand, und sagt mit einer Kopfbewegung zu der Gitarre auf Leanders Schoß:

»Die kannst du bis auf Weiteres behalten. Und ich frag George gleich mal, ob er dir sein Smartphone gibt. Der kommt mit dem Teil sowieso nicht zurecht. Mit seinem alten PC ja, damit kann er umgehen. Aber was Neues lernen, das klappt bei ihm nicht mehr.«

»Ja, danke! Das wär cool!«

Als Leander wieder allein ist, würde er am liebsten noch ein bisschen auf der Gitarre spielen, aber er ermahnt sich, erst die blöde Postkarte an seine Glückstädter Großeltern fertigzuschreiben. Er nimmt wieder den Kuli zur Hand und liest, was er zuletzt geschrieben hat:

Ich bin hier in Paris bei Freunden von Mama.

Aha. So weit, so gut. Jetzt muss er ihnen nur noch klarmachen, dass es sinnlos ist, ihn wieder nachhause holen zu wollen. Wobei: Nachhause? Für ihn ist es nie ein Zuhause gewesen. Aber das würden sie nie begreifen. Also: Was wirkt auf Großeltern und auch auf höchstwahrscheinlich mitlesende Bullen oder Jugendamttussis garantiert beruhigend? Wenn ein Kind zur Schule geht! Eine richtige Schule darf es aber natürlich nicht sein, das könnten sie schnell nachprüfen. Also schreibt er:

Ich erhalte hier Privatunterricht.

Das ist gut. Und stimmt sogar! Morgen soll es losgehen, wenn die Beatles sich endgültig einig sind, wer von ihnen ihm was beibringen soll. Ihm würde ja von morgens bis abends Musikunterricht bei Paul völlig reichen, aber darauf wird es wohl nicht hinauslaufen. Überhaupt Paul: Eben mit ihm, das war eigentlich echt cool. In Sachen Musik lagen sie sogar mehr auf einer Wellenlänge als Mama und er. Für sie gab es nur die Klassik oder die Neue Musik. Pop, Rock, Blues, Jazz, Hip Hop, Rap – für nichts davon konnte sie sich erwärmen und für Oma Monis Schwärmerei für die Beatles hatte sie nur ein müdes Lächeln übrig. Mama. Ja. Manchmal kann er schon an sie denken, ohne dass sich alles in ihm zusammenkrampft. Es war gut, dass er Paul ein bisschen was über sie erzählt hat. Und Paul war auch gar nicht mehr so abweisend zu ihm. Vielleicht gewöhnt er sich langsam an den Gedanken, einen Enkel zu haben? Zugegeben, das kam ja für ihn auch reichlich plötzlich und alte Leute brauchen eben ein bisschen, um sich auf was Neues einzustellen. Wo es ihm selbst schon nicht leichtfällt, in Paul seinen Opa zu sehen. Er hat so gar nichts opaartiges! Wenn er ihn mit seinem Opa Scheibner vergleicht ... schon komisch, dass die aus einer Generation stammen!

Leander kaut wieder am Kuli, bis er kurz entschlossen die Postkarte mit den Worten abschließt:

Sucht mich nicht, dann melde ich mich mal wieder. Sonst nicht! Herzliche Grüße Leander.

Jana

Wieder einmal ist mein Zahnarzt schuld, dass ich zu spät ins Yellow Submarine komme! Als die Sprechstundenhilfe zusätzlich zum nächsten Behandlungstermin mit mir auch gleich einen Termin für die professionelle Zahnreinigung in einem halben Jahr abmachen wollte, lehnte ich dankend ab und sagte ihr, ich wolle diese individuelle Gesundheitsleistung nicht länger in Anspruch nehmen. Sie sah mich an, als habe ich eine lebensrettende Krebsbehandlung abgelehnt: »Darüber müssen Sie dann mit Dr. Nolte sprechen. Ich glaube nicht, dass er das akzeptiert.«

Ich dachte daran, wie John sich darüber mokiert hatte, unsere überangepasste Generation lasse sich alles gefallen, holte tief Luft und wollte sie gerade darüber aufklären, dass mir als Patientin laut Gesetz auf keinen Fall eine sogenannte IGeL-Leistung aufgedrängt werden dürfe, da kam Dr. Nolte aus Behandlungszimmer 1 und wollte in Behandlungszimmer 2 verschwinden. Die Sprechstundenhilfe rief ihm hilfesuchend zu:

»Herr Dr. Nolte, Frau Jessen lehnt unsere professionelle Zahnreinigung ab!«

Mein sonst so freundlicher Zahnarzt runzelte die Stirn, sah mich verärgert an und wies mit der Hand ins Wartezimmer:

»Warten Sie bitte einen Moment. Wir können gleich darüber sprechen.«

Der Moment dauerte eine Dreiviertelstunde. Ich war kurz

davor, einfach zu gehen, als Dr. Nolte mich ins Behandlungszimmer 2 rief. Er bat mich, im Behandlungsstuhl Platz zu nehmen, aber ich wollte nicht im Angesicht der Folterwerkzeuge von unten zu ihm aufsehen müssen:
»Danke, ich stehe lieber.«
Sofort fing er an, mir einen Vortrag über Zahnbeläge als Nährboden für Bakterien zu halten. Ich wies ihn darauf hin, dass die Entfernung dieser Zahnbeläge einmal jährlich zur Kassenleistung gehöre.
»Ja, aber dafür zahlt die Kasse ja so gut wie nichts und außerdem reicht das überhaupt nicht aus!«, empörte er sich. Ich konterte mit meinen Informationen, die ich mir inzwischen über *igel-monitor.de* besorgt hatte. Danach gab es keine wissenschaftlichen Studien über die Wirksamkeit der sogenannten professionellen Zahnreinigung. Das empörte ihn erst recht.
»Das interessiert mich überhaupt nicht, was irgendwo im Internet steht! Ich bin verantwortlich für Ihre Zahngesundheit und wenn Sie mein Angebot nicht annehmen wollen, dann muss ich Ihre weitere Behandlung ablehnen.«
Ich fasste es nicht. Das war die reine Erpressung! »Können Sie mir das bitte schriftlich geben?«
»Dazu habe ich keine Zeit. Ich möchte meine Patienten jetzt wirklich nicht länger warten lassen. Überlegen Sie es sich nochmal. Achtzig Euro sind nun wirklich nicht die Welt. Das sollten Ihnen Ihre Zähne wert sein.«
Auf dem ganzen Weg zu den Beatles kochte ich vor Wut. Dieser Gierlappen! Der nagte als Zahnarzt ja wohl kaum am Hungertuch. Ich rief auf meinem Smartphone diverse Seiten auf und wurde bei der Bundesärztekammer fündig:
In keinem Fall darf Ihr Arzt Ihre medizinisch notwendige

Behandlung ablehnen, weil Sie sich gegen eine vorgeschlagene IGeL entschieden haben.
Ich setzte ein Lesezeichen und ...
»Passen Sie doch auf, wohin Sie gehen!«, rief mir eine erschrockene ältere Frau zu, in die ich fast hineingelaufen wäre. Ich entschuldigte mich, doch sie schimpfte weiter: »Wie die Zombies lauft ihr durch die Gegend! Ihr kriegt ja gar nichts mehr mit von der Welt. Gemeingefährlich ist das!«
Ich steckte das Smartphone ein und ging schnell weiter. Sie hatte ja nicht ganz Unrecht. Ich hatte mir doch geschworen, nicht mehr im Gehen auf das Ding zu schauen! So viel zu meinen guten Vorsätzen.

Als ich bei den Beatles ankomme, ist das Frühstücksgeschirr schon abgeräumt und hat Johns Laptop und etlichen Büchern und einem Schulheft Platz gemacht. Am Küchentisch sitzen John und Leander eng nebeneinander. Die beiden geben ein kontraststarkes Bild ab: Leanders halblange braune Haare und Johns weißer Lockenkopf, das hochaufgeschossene Kind und der leicht gebeugte Alte. Ich erzähle John, was bei meinem Versuch, seinem Rat zu mehr Widerstand zu folgen, herausgekommen ist. Er regt sich fast noch mehr als ich über Dr. Noltes Verhalten auf:
»Damit kommt der nicht durch! Ruf bei deiner Krankenkasse an und schildere den Fall. Und dann schreibst du am besten auch an die Zahnärztekammer. Das wollen wir doch mal sehen, wollen wir das!«
»Mach ich. Auch wenn das garantiert ein nerviger Papierkrieg wird.«
»Und du gehst da natürlich nicht wieder hin! Warte!« Er tippt in seinen Laptop. »Ich schick dir den Link zur Website meiner Zahnärztin. Die ist zwar weiter weg, aber das ist nicht

so eine Halsabschneiderin wie dieser Dr. Nolte.«

»Danke. Und? Was treibt ihr hier gerade? Erster Unterricht?«

»Physik«, antwortet Leander.

»Dann will ich euch nicht länger aufhalten.«

Auf meinem Weg in den ersten Stock höre ich, wie John Leander fragt, was sie denn zuletzt im Unterricht durchgenommen hätten.

»Irgendwas mit Dichte und Druck und Bewegung und so.«

»Langweiliges Zeug, hmmh?«

»Total.«

»Schon mal was von Quanten gehört?«

»Quantencomputer. Da forschen die dran. Der soll superschnell sein. Und den können selbst die besten Hacker der Welt nicht knacken!«

»Möchtest du wissen, warum nicht?«

»Klar. Das wär schon geil.«

»Dann schau mal hier!«

Leander hat mit John jetzt einen emeritierten Physikprofessor als Lehrer, der sich nicht im Geringsten um den Lehrplan schert. Ich kann mir jedenfalls nicht vorstellen, dass für Leanders Altersgruppe Quantenphysik vorgesehen ist. Bei der stundenlangen Konferenz gestern, in der die Beatles Leanders Unterricht geplant haben, war es vor allem Ringo, der als ehemaliger Schuldirektor nicht viel auf die Lehrpläne zu geben schien: »Da steht viel zu viel Schwachsinn drin!«, hörte ich ihn laut und deutlich sagen. »Schau'n wir mal, was unseren Leander so interessiert.«

Die Entscheidung, wer Leander in welchen Fächern unterrichten soll, fiel ihnen nicht schwer. Ringo zeigte mir hinterher stolz den Plan: John war für Mathe, Physik, Chemie und Geographie zuständig, George für Biologie mit dem Garten als praktischem Anschauungsmaterial, medizinisches Grundwissen, Ernährung usw., Paul für Medien, Kunst und Musik mit Schwerpunkt Gitarrenunterricht und er selbst für Geschichte, Deutsch, Englisch und Französisch. Philosophie, Ethik und Politik würden immer und überall integriert.

»Vor Französisch wollte er sich drücken, aber ich will nicht Ringo heißen, wenn es mir nicht gelingt, ihn für die eleganteste aller Sprachen zu begeistern!«, erklärte mir Ringo bei unserem mittäglichen Klönschnack und auch, dass sie Leander auf keinen Fall im Stundentakt unterrichten wollten, sondern tageweise. Am Montag und Dienstag war John dran, am Mittwoch George und am Donnerstag und Freitag er selbst mit den Sprachen. Das Ganze vormittags. Die Nachmitttage seien für die Musik reserviert, für die Paul zuständig sei, aber da würden sie alle vier garantiert gerne mitmischen.

Ringo strahlte, als er mir ihren genialen Plan präsentierte. Und nicht nur er scheint mir beschwingt und voller Elan der neuen Aufgabe entgegenzusehen. Es herrscht eine regelrechte Aufbruchsstimmung unter den vier alten Kapitänen im Yellow Submarine. Ihrem Moses muss die Welt erklärt werden, von der sie sich schon ein Stück weit abgewendet haben. Und dadurch rückt wohl auch ihnen diese Welt wieder näher.

Ich bin im ersten Stock angekommen und höre John vom Bose-Einstein-Kondensat sprechen. Oh, oh, ob er damit Leander nicht doch etwas überfordert? Ich könnte nicht sagen, worum es sich dabei handelt! Ich fürchte, John wird sich erst darauf einstellen müssen, dass er es nicht mit einem Physikstudenten zu tun hat. Er hat ja auch keinerlei Erfahrungen mit Kindern in Leanders Alter, überhaupt mit Kindern. Halt, ganz so stimmt das nicht! Er hat ja selbst zwei Kinder, die allerdings längst erwachsen sind. Und sogar einen Enkel. Merkwürdig, dass er offenbar überhaupt keinen Kontakt mehr zu seiner Familie hat. Okay, er ist geschieden und die Kinder sind bei der amerikanischen Mutter aufgewachsen und die leben alle in den USA, – aber diese totale Funkstille finde ich schon komisch. Er spricht auch nie über sie, hat kein Bild von ihnen in seinem Zimmer. Ob ich ihn einfach mal in einer ruhigen Minute direkt darauf anspreche?

Heute steht Johns Zimmer auf meinem Putzplan und da ich mich in Gedanken gerade mit John beschäftigt habe, schaue ich mich noch einmal darin um, als könnte ich etwas Neues über ihn entdecken. Sein Bett ist gemacht, sein Schreibtisch aufgeräumt und auf dem Sideboard liegt sein Blutdruckmessgerät und seine Medikamentenbox. Dass er schon zwei Herzinfarkte hinter sich hat und seine Herzkranzgefäße von diversen Bypässen offen gehalten werden, hat Ringo mir mal erzählt. Auch dass John im mittleren Lebensalter ziemlich übergewichtig gewesen sei, weiß ich von Ringo. Das kann ich mir kaum vorstellen, wenn ich John heute betrachte: ein schmächtiger, relativ kleiner Mann, kaum größer als ich mit meinen 1,71 Metern, der bestimmt nicht mehr wiegt als ich mit meinen plus minus 55 Kilo. Er selbst redet über seine Herzprobleme so wenig wie über seine Familie. Er hat nur einmal zu mir gesagt, ich solle froh sein, dass das Rauchen in meiner Generation out sei, da würde ich mir im Alter viel ersparen. Wenn es nicht um ihn selbst geht, kann man mit John über alles reden, am liebsten über Musik, Wissenschaft und Politik. Er hat zu allem eine Meinung. Er ist der Intellektuelle unter den Beatles, würde ich sagen. Dazu passt, dass alle Wände seines Zimmers vom Fußboden bis zur Decke von Büchern verdeckt sind. Das meiste sind physikalische Fachbücher, aber auch etliche blaue Marx-Engels-Bände stehen da, Bücher von Adorno, Horkheimer, Arendt, Marcuse ... Das geistige Studentenfutter der 68er-Bewegung hat John es mal genannt und behauptet, es sei viel nahrhafter als das ganze französische Dekonstruktivisten-Fastfood, von dem meine Generation sich ernähre. Anything gehe eben nicht. Ich war mal wieder um eine schlagfertige Antwort verlegen, weil ich weder die einen noch die anderen Bücher gelesen habe. Dieses ganze theoretische Zeugs ist absolut nicht mein Ding. Doch da! Da steht ein Buch, das ich zumindest angelesen habe: *The Second Sex* von Simone de Beauvoir. Meine alte Deutschlehrerin hat mir *Das andere Geschlecht* wärmstens ans Herz gelegt und es als *Bibel der Frauenbewegung* bezeichnet. Ich hab's nur zur Hälfte gelesen damals, es war mir viel zu langatmig und zitatlastig und die Idee der Gleichberechtigung von Mann und Frau nun wirklich nichts, wovon ich noch überzeugt werden müsste. Aber was macht die *Bibel der Frauenbewegung* in Johns Bücherregal? Er echauffiert sich doch gerne mal über *Salon-Feministinnen*, die einer Modenschau für die hippeste Burka in den Trendfarben der Saison applaudieren. Wahrscheinlich hätten die auch an einer Steinigung von Ehebrecherinnen nichts auszusetzen, wenn nur lila Steine dafür verwendet würden. Typischer John-Spruch! Er kann schon ganz schön zynisch sein! Ich ziehe *The Second Sex* heraus und blättere darin herum. An etlichen Stellen sind Unterstreichungen, Ausrufe- oder Fragezeichen, John hat es also gründlich studiert, alle Achtung, ich blättere zurück zum Anfang und hey

... da steht sogar eine Widmung! Mühsam entziffere ich die mit Tinte geschriebene Handschrift:
To Michael, a man, who understands, a man, who appreciates women, a man, a woman can dare to love. Forever your Miranda

Wow! Das haut mich glatt um! Eine Miranda hat John (alias Prof. Dr. Michael Mann) als Mann eingeschätzt, den eine Frau zu lieben wagen kann! Ein starker Satz! Wahrscheinlich geschrieben aus einem starken Gefühl heraus. Wenn ich nur diese Widmung kennen würde, würde ich mir einen Mann wie John als Adressaten vorstellen? Jeden anderen, aber ihn bestimmt nicht! Von den Beatles ist er derjenige, der auf mich am distanziertesten wirkt. Eingesponnen in seine Welt der Wissenschaften, gelegentlich verächtliche Kommentare zur politischen Lage absondernd, sehr organisiert, gerne auch rechthaberisch. Nur wenn er mit den anderen Musik macht, taut er so richtig auf. Aber diese Miranda hat offenbar etwas ganz anderes in ihm gesehen. Ob das seine Frau war? Oder eine Geliebte? Auf jeden Fall scheint von dieser Liebe nichts geblieben zu sein. Traurig, wenn man darüber nachdenkt, dass so wenig Bestand hat im unerbittlichen Lauf der Zeit.

Ein Geräusch! Von der Treppe! Jemand kommt herauf. Schnell stelle ich das Buch an seinen Platz im Regal zurück. Bloß nicht schon wieder bei meiner unziemlichen Neugier erwischt werden! Obwohl ich die Tür zu Johns Zimmer zugemacht habe, erkenne ich George an seinen schweren Schritten. Wahrscheinlich hat er wieder seine Gartenstiefel anbehalten und ich darf nachher die abgebröckelte Erde aufsaugen! Aber lieber das, als noch länger über die Vergänglichkeit der Liebe nachzudenken. Mario war nicht der erste, der alles getan hat, um mich von der Illusion der wahren, der großen, der echten Liebe zu heilen, und er wird wahrscheinlich nicht der letzte sein. Aber noch glaube ich daran, dass die Liebe auf mich wartet. Irgendwo, irgendwie, irgendwann. Kitschigstes Hollywood-Kino. Jeder weiß das. Trotzdem kann keiner ohne diese Idee leben. Oder? So, Schluss, Aus, Finito mit diesen nutzlosen Gedanken! Jetzt wird geputzt, dass die Staubkörner vor Furcht erzittern!

Doch noch bevor ich das Staubtuch schwingen kann, klopft es an der Tür:

»John?«

Ich öffne die Tür. George steht davor und sieht mich verwirrt an.

»Ist John nicht da?«

Ich weise nach unten:

»Der sitzt mit Leander am Küchentisch. Du bist doch eben an den beiden vorbeigelaufen.«

»Was? Ach ja. Stimmt. Ich dachte bloß ... das ist hier ja Johns Zimmer ... und in Johns Zimmer ist John. Das ist logisch, oder?«

»Ähhh ... Nicht wirklich.«

»Ich wollte auch nur ... also ... die Heckenschere ... vielleicht weiß John, wo die ist? Ich hab schon überall ... schon gesucht.«

Ich bin sicher, dass John das garantiert nicht weiß, weil er sich nie um den Garten kümmert. Wahrscheinlich hat George die Heckenschere verlegt, wie er andauernd irgendwas verlegt und nicht wiederfindet.

»Ich komm mal mit in den Garten und helfe dir suchen.«

Als erstes gehe ich in den Geräteschuppen. Hier herrschte nach Ringos Aussagen zu Zeiten seines Vaters eine ausgeklügelte und penible Ordnung. Jedes Gartengerät und jedes Werkzeug hatte seinen Platz. Davon kann jetzt nicht mehr die Rede sein. Eher passt das Bild von Kraut und Rüben, wenn man davon absieht, dass es nichts Pflanzliches ist, was wild über den Schuppen verteilt ist. George behauptet steif und fest, dass dem Ganzen eine verborgene, nur ihm ersichtliche Ordnung zugrundliege. Also frage ich ihn:

»Wo ist denn normalerweise dein Platz für die Heckenschere?«

George weist ohne zu Zögern auf einen Haufen Werkzeuge auf einer ausrangierten Hobelbank, bremst meinen Eifer aber gleich:

»Da hab ich schon alles durchgesucht!«

Aber ich lasse mich nicht aufhalten und siehe da: Nach kurzem Wühlen ziehe ich die Heckenschere aus dem Haufen und drücke sie George in die Hand. Er schaut erst verblüfft mich an, mustert dann misstrauisch die Heckenschere, bis sein Gesicht in einer plötzlichen Erleuchtung erstrahlt:

»Die hat blaue Griffe! Ich dachte, die Griffe ... rote Griffe, dachte ich. Darum! Konnte ich ja nicht erkennen!«

Jetzt bin ich es, die ihn verblüfft anschaut. Ich sage aber nur:

»Hauptsache, sie ist wieder da.«

»Genau. Danke, Jana. Dann will ich gleich mal ... Leander soll einen gepflegten Garten ... muss er noch lernen.«

Mit diesen Worten verschwindet George in Richtung Hecke und ich gehe nachdenklich zurück zum Haus. Die anderen Beatles mokieren sich gern über Georges *Tüdeligkeit*, wie sie es nennen, und nicht selten folgt der witzig gemeinte Spruch *Alzheimer lässt grüßen*. Aber ich frage mich so langsam, ob die Zeit für Witze nicht abgelaufen ist. Wie tüdelig und wunderlich ist im Alter noch normal? Wo fängt die Demenz an? Ehrlich gesagt, habe ich mich mit der Thematik bisher überhaupt noch nicht beschäftigt, habe nur mal einen Dokumentarfilm über ein sogenanntes *Demenzdorf* gesehen. Obwohl die Bedingungen für die Demenzkranken dort als vorbildlich geschildert wurden, fand ich es unendlich traurig, diese verstörten alten Menschen zu sehen, denen die Welt ein unbegreifbarer Ort geworden war. Als die Kamera auf eine alte Frau schwenkte, die verzweifelt weinend auf ihre Tochter Anneliese, das Schulkind, wartete, während die erwachsene Anneliese neben ihr stand und sie zu beruhigen suchte, zappte ich auf einen anderen Sender. Ich fand das gruselig, es machte mir Angst und ich tröstete mich damit, dass die Gefahr, an Demenz zu erkranken für mich noch unendlich weit in der Zukunft liegt. Auch jetzt zappe ich in meinen Gedanken lieber von meiner Besorgnis über Georges zunehmend merkwürdiges Verhalten weg. Ich bin schließlich keine Altenpflegerin und keine Ärztin, ich bin nur die Putzfrau der Beatles. Und als solche fällt mir auf, dass auf der Veranda schon das Moos zwischen den Bodenplatten durchwächst. Da muss ich dringend mal was tun! Zuerst ist jetzt aber endlich Johns Zimmer dran!

Doch auf dem Weg durch die Küche werde ich schon wieder aufgehalten, diesmal von Leander:

»Jana, John behauptet, es gibt Wirkungen ohne Ursache. Glaubst du das auch?«

»Äh, wie jetzt?«

»Ganz einfach: Wenn man z. B. zwei verschränkte Elektronen hat und ändert bei einem den Spin, dann ändert sich sofort, ohne dass nur eine milliardstel Sekunde vergeht, auch der Spin des anderen. Und zwar egal, wie weit die auseinander sind. Das können Lichtjahre sein. Ganz egal!«

John nickt und Leanders Augen leuchten.

»Das ist ein Quanteneffekt und wenn man einen Quantencomputer bauen will ...«

Ich verstehe nur Bahnhof. Dunkel erinnere ich mich, im Physikunterricht der Oberstufe auch mal was von Quanten und Spin und so Zeugs gehört zu haben, dunkel, sehr dunkel! Ich ergreife die Flucht:

»Tut mir leid, Jungs, ich hab noch reichlich zu tun. Macht man schön weiter. Wenn ihr den ersten Quantencomputer fertig habt, könnt ihr mir Bescheid sagen!«

Und mit großen Schritten bin ich bei der Treppe. Als ich endlich wieder in Johns Zimmer stehe und die Tür hinter mir zugemacht habe, greife ich energisch zum Wischtuch. Staub ich komme! Nichts kann mich jetzt noch stoppen!

Nach einer Stunde bin ich im ersten Stock fertig. Jetzt steht noch der Wohnbereich unten auf meinem Putzplan. Als ich mit dem Staubsauger an John und Leander in der Küche vorbeikomme, starren beide konzentriert in Johns Laptop und scheinen mich nicht zu bemerken. Auf dem Display sehe ich einen Tanz der Elementarteilchen, wenn ich das Gewimmel richtig interpretiere. Im Wohnbereich sitzt Ringo auch vor einem Laptop. Er beschäftigt sich mit etwas ganz anderem als Quantenphysik und teilt es mir auch gleich mit:

»Das war's für Bernie Sanders. Schade! Ein aufrechter Linker an der Spitze der USA, das wär doch mal was gewesen! Jetzt ist Clinton die Kandidatur der Demokraten nicht mehr zu nehmen.«

»Auch nicht schlecht. Endlich mal eine Frau im Präsidentenamt«, sage ich spontan.

»Noch hat sie nur die Vorwahlen gewonnen!«

»Na ja, nachdem die Republikaner tatsächlich diesen Vollidioten Trump ins Rennen schicken ...«

Ich muss den Satz nicht vollenden. Ringo grinst und stimmt mir zu:

»Ja, damit haben sie sich voll ins Abseits manövriert. So blöd sind nicht mal die Amis, den zum Präsidenten zu wählen!«

»Da seid euch mal nicht so sicher«, tönt Johns Stimme aus der Küche. Offenbar hat unser Gespräch ihn aus der Quantenwelt zurückgeholt. »Ihr unterschätzt die Wut der kleinen Leute auf die Elite, die Politiker, die Wallstreet. Und all das verkörpert Hilary Clinton für sie.«

»Aber die werden doch nicht im Ernst glauben, dass der Multimilliardär Trump, der nicht mal Steuern zahlt, ihr Anwalt ist!«, steigt Ringo sofort in die Diskussion mit John ein. »Außerdem ist das doch ein offensichtlicher Psychopath!«

Er steht auf, stellt sich in den Durchgang zwischen Küchen- und Wohnbereich und lässt John wissen, dass er ein unverbesserlicher Pessimist sei, worauf John wie immer antwortet, Pessimismus sei Realismus. Bevor die beiden sich wieder in eine endlose Diskussion verheddern, stecke ich den Staubsaugerstecker in die Steckdose und schreie:

»Gleich wird's laut!«

So treibe ich sie erfolgreich in die Flucht. John verschwindet mit Leander nach oben in Leanders Zimmer und Ringo schnappt sich seinen Laptop und studiert auf der Terrasse weiter die Kapriolen des Wahlkampfs in den USA. Und ich kariole mit dem Staubsauger durch den Wohnbereich im ewigen Kampf gegen den Dreck der Welt.

Leander

You don't know how lucky you are boys
Back in the U.S.S.R.
Well the Ukraine girls really knock me out
They leave the West behind
And Moscow girls make me sing and shout
That Georgia's always on my mind

»Puh, das war's, Leute«, stöhnt John und wischt sich den Schweiß von der geröteten Stirn, während er seine Bassgitarre in ein paar letzten Tönen ausklingen lässt, die nichts mehr mit dem Beatlessong *Back in the U.S.S.R.* zu tun haben. »Ich glaub einen Gig mit tausend Zugaben wie früher würde ich heute wirklich nicht mehr durchstehen.« Er stellt die Gitarre in ihren Ständer im Studio und gibt so das Zeichen, ihre einstündige gemeinsame Session zu beenden. Ringo verzieht kurz das Gesicht, er hätte gern noch länger gespielt. Er erspart sich aber den Hinweis auf die Fitness von Mick Jagger, weil er viel zu besorgt um Johns angeschlagenes Herz ist, um ihn damit aufzuziehen, wie er es früher manchmal gemacht hat. George dagegen ist das Ende ihrer Session sehr recht, denn er hat noch *mehr als genug* im Garten zu tun. Ringo legt den Arm um Leander und fragt ihn, was er denn eigentlich über die UdSSR wisse. Der fragt nach, ob es sich dabei um die U.S.S.R aus dem Song handele und gibt nach Ringos Nicken zu, dass seine Kenntnisse über dieses historische Gebilde äußerst dürftig seien.

»Russland und so'n paar andere Staaten?«, rätselt er.
»Die Ukraine? Wegen *ukraine girls* in dem Song?«
»Gute Schlussfolgerung«, lobt Ringo. »Wollen wir uns damit mal näher beschäftigen? Dann versteht man auch besser, was es heute mit dem Konflikt zwischen Russland und der Ukraine auf sich hat.«

Als Leander nickt, zieht sich Ringo in sein Zimmer zurück, um sich auf die nächste Geschichtslektion für seinen Schützling vorzubereiten.

Leander fürchtet, auch Paul hätte schon genug für heute, aber nein, er reicht ihm Johns Bassgitarre und sie beide spielen immer noch, als John, der heute als *Smutje* fungiert, die ganze Mannschaft des Yellow Submarines zum Essen ruft. Nach seinem zweiten Herzinfarkt hat John nicht nur das Rauchen aufgegeben, sondern auch seine Ernährung auf Anraten seines Kardiologen radikal umgestellt. Nur noch an Festtagen gibt es seine geliebten riesigen gegrillten Steaks, ansonsten serviert er viel Fisch, Gemüse und Vollkorn. Viele Rezepte hat er von Ringo übernommen, der auf seinen vielen Reisen die Küchen aller möglichen Länder kennengelernt hat und am liebsten Gerichte aus der Mittelmeerregion oder asiatische Reisgerichte kocht. Paul und George haben sich davon anregen lassen, zuerst, um ihrer Gesundheit etwas Gutes zu tun, aber inzwischen schmeckt es ihnen einfach besser als die übliche fleisch- und zuckerlastige Normalkost.

Heute hat John einen Rote Beete-Salat zubereitet, als Hauptgericht kredenzt er eine *Calzone ripieno*, eine Torte nach italienischem Rezept aus Hefeteig, gefüllt mit Fischfilet, Tomaten, Parmesan, Oliven und Rosinen und zum Nachtisch einen Obstsalat. Leander isst alles, was die Beatles ihm vorsetzen, und meistens schmeckt es ihm. Sie kochen ähnlich, wie er es von seiner Mutter gewohnt war, und auf jeden Fall schmecken ihm die Gerichte aus der Kombüse im Yellow Submarine besser als die früher im Kindergarten und in der Schule! Nur Bratkartoffeln, so schön knusprig wie Papa sie manchmal am Wochenende gebrutzelt hat, kommen hier nie auf den Tisch. Viel zu fettig, sagt John. Leander erinnert sich an den Duft, der durchs ganze Haus zog, wenn sein Vater mit Küchenschürze am Herd stand und aus langweiligen Kartoffeln das leckerste Gericht der Welt zauberte. *Krosche* Bratkartoffeln! Nichts kann das toppen!

»Schmeckt dir meine Fischtorte nicht?«, fragt John besorgt, weil Leander, in Erinnerungen versunken, noch das halbe Stück auf dem Teller hat.

»Doch! Sehr lecker!«, versichert der und verputzt schnell den Rest. »Übrigens, ich hab gestern noch ein bisschen im Netz nach dem Stand der Quanten-Kryptographie geforscht. Können wir ja morgen mal drüber reden.«

»Sehr wohl, der Herr! An mir soll es nicht scheitern«, antwortet John und blickt stolz Ringo an. Von wegen, er würde den armen Leander überfordern! Da hat der Oberpädagoge sich aber geschnitten!

Ringo nickt anerkennend, fühlt sich jedoch herausgefordert, Leander mal wieder mit Französisch zu malträtieren. Das ist doch wirklich nicht schwieriger als die Quanten-Kryptographie, mon Dieux!

»Tu es intelligent, Leander«, lobt er ihn, wobei er die letzte Silbe seines Namens betont. Das versteht Leander problemlos, aber nicht den langen Satz, der sich anschließt.

»Comme ci comme ça«, antwortet er, als Ringo ihn fragend anschaut, weil das seiner Meinung nach fast immer passt. Alle lachen laut auf. Na gut, passte wohl doch nicht so ganz.

Ringo droht Leander mit dem Finger und lässt einen Schwall französischer Flüche auf ihn herabregnen. Vielleicht kann er Leander damit für die schönste aller von Menschen ersonnenen Sprachen begeistern?

»Comme ci comme ça«, entgegnet Leander ungerührt wieder und widmet sich seinem Obstsalat.

Nach dem Essen stellt John das Geschirr in die Spülmaschine und pusselt noch ein bisschen in der Küche herum, bis aus dem Wohnbereich der Jingle der Tagesschau ertönt. Er geht hinüber und setzt sich zu den anderen Beatles, die sich, mit Leander in ihrer Mitte, über das auf eine Viertelstunde eingedampfte Weltgeschehen informieren lassen. Trotz der Möglichkeit, sich permanent über digitale Medien auf dem Laufenden zu halten, ist es Tradition im Yellow Submarine, den Abend mit dem gemeinsamen Anschauen der Tageschau zu beginnen.

»Ich bin gespannt, ob sie dieses total entlarvende Trump-Video im Original bringen!«, feixt John. »Mitsamt seinem *grap them by the pussy!*«

»Pussy in der Tagesschau? Never ever! Ich wette um ein halbes Pfund Edel-Trüffel. Wer wettet dagegen?« Paul schaut in die Runde, während der Sprecher von einem Anti-Terror-Einsatz in Chemnitz berichtet.

Die drei anderen wetten dagegen, nur Leander schließt sich Paul an. Hoffentlich fragen sie ihn jetzt nicht besorgt, ob er überhaupt wisse, was eine Pussy sei!

Erst müssen sie noch Nachrichten über künftige Bedingungen zur Zulassung von Diesel-Autos über sich ergehen lassen, doch dann wird ein Ausschnitt aus dem längst im Internet kursierenden Video gezeigt, in dem Trump sich brüstet, allen Frauen zwischen die Beine greifen zu können. In der achten Minute der Tagesschau kommt das Wort, auf das sie gespannt warten, allerdings nur schriftlich im Untertitel, im Video wird das Wort durch einen Piepton ersetzt.

»Gewonnen!«, triumphiert Paul.

»Im Gegenteil! Pussy stand im Untertitel, also wurde es in der Tageschau gebracht, also her mit den Trüffeln!«

Paul schaut sich nach Unterstützern für seine Position um, doch George und Leander lachen nur und Ringo versucht es mit einem salomonischen Vorschlag:

»Ich spendiere morgen sogar ein Pfund erlesenster Trüffel für uns alle aus reiner Freude darüber, dass dieser Gruselclown jetzt endgültig weg vom Fenster ist. Denn das können sich ja auch die Republikaner nicht mehr bieten lassen.«

Damit sind alle einverstanden und selbst John, der notorische Pessimist, verkündet, er sehe jetzt keine Gefahr mehr, dass dieser Trump Präsident der USA werden könnte. Immerhin habe er aber für einen unterhaltsamen Wahlkampf gesorgt, das müsse man ihm lassen.

Nach der Tagesschau geht Ringo in sein Zimmer, George versinkt in seinem Lieblingssessel im Wohnbereich und liest zum wiederholten Mal *Zeugin der Anklage*, seinen Lieblingskrimi von Agatha Christie, John und Paul spielen Schach und Leander öffnet sich mit Georges Smartphone den Zugang zur Welt.

Die Welt scheint ihn nicht zu vermissen. Auch seine kleine Welt nicht. Vom Einloggen in sein Whatsapp-Konto hat John ihm abgeraten, aber bei Facebook drohe wohl keine Gefahr, seinen Standort zu orten. So hat er in seinem Account ein Foto vom Eifelturm gepostet und geschrieben *Ich lebe wie Gott in Frankreich! Nie wieder Glückstadt, Paris ist die Glücks-*

Stadt. *Vive la France!* Das hat ihm jede Menge Likes eingebracht und auch Kommentare wie *Glückwunsch, brother, great!* von seinen ehemaligen Schulkameraden, aber das war's auch schon. Nichts von Sven, dem einzigen, von dem er früher gedacht hatte, er wäre ein wirklicher Freund, noch nicht mal ein Like! Eiszeit. Das tut immer noch weh, obwohl diese Abkühlung schon mit dem Tod seiner Eltern begann.

Sven besuchte ihn gleich am Tag nach dem Unfall, wusste aber nicht, was er sagen sollte, stand verlegen herum und fühlte sich sichtlich unwohl. Er selbst war noch so im Schockzustand, dass er auf die wenigen gestammelten Worte seines Freundes nicht reagierte, so dass der bald wieder ging. Als er schon kurz darauf nach Glückstadt zu seinen Großeltern kam, um dort *erst mal zu sich zu kommen*, wie Frau Sarau vom Jugendamt gesagt hatte, versicherte Sven ihn seiner ewigen Freundschaft. Brunsbüttel und Glückstadt seien ja gar nicht weit entfernt, er würde seinen Blutsbruder Leander bald besuchen und sie könnten jederzeit telefonieren, skypen, chatten usw. Das taten sie auch ein paarmal, aber Leander wollte nicht klagen, obwohl er sich hundeelend fühlte, und Sven mochte wohl nichts über den üblichen Alltagskram erzählen angesichts der Tragödie seines Freundes, so dass ihre Gespräche immer wortkarger und gekünstelter wurden, bis der Kontakt bald ganz abbrach. Blutsbrüderschaft, denkt Leander jetzt bitter, die Indianerzeit ist endgültig vorbei! Und die wenigen Facebook-Freunde aus seiner neuen Klasse in Glückstadt waren nie mehr als das geworden. Er hatte sich dort noch überhaupt nicht eingelebt und fühlte sich bis zu seiner Flucht fremd.

Auf seinem Facebook-Account tut sich also nichts, stellt Leander fest, niemand will etwas von ihm wissen, niemand teilt ihm persönlich etwas mit. Er loggt sich aus und gibt bei Google seinen Namen ein, um zu sehen, ob seine Großeltern, das Jugendamt oder die Polizei noch nach ihm suchen ... und er erschrickt. Eine Website, auf der Angehörige nach Vermissten suchen, hat einen Appell von Oma und Opa Scheibner an ihn gepostet! Er verschluckt sich fast an seiner Spucke, als er das entdeckt. Bevor er den Beitrag öffnet, schaut er sich um, als wolle er eine Pornoseite anklicken. Paul und John brüten immer noch über dem Schachbrett mit den vergilbten Figuren aus Elfenbein und George schnarcht in seinem Lesesessel über dem auf seinen Schoß gefallenen Agatha Christie-Krimi. Leander sammelt sich einen Moment. Die Website kann ihm nichts tun, kann nicht mit Hologramm-Armen nach ihm greifen wie in einem Horrorfilm! Das gibt's nur in der Science Fiction! Er klickt den Beitrag auf und liest:

Lieber Leander,
  bitte komme nachhause! Dein Weglaufen war ein schwerer Fehler, aber Gott ist barmherzig und wird dir verzeihen. Das sagt auch Pastor Möhlenbruch. Unsere ganze Gemeinde betet für dich. Die Welt ist sehr gefährlich für einen kleinen Jungen wie dich! Paris ist ein übler Sündenpfuhl, dort darfst du auf keinen Fall bleiben! Du weißt ja gar nicht, was für schlechte Menschen es gibt. Bitte melde dich! Wir werden dich wieder bei uns aufnehmen, wie im Gleichnis vom verlorenen Sohn. Höre nicht auf die Einflüsterungen des Satans. Wir wollen dich nicht auch noch verlieren wie unseren armen Sohn, der Herr sei seiner Seele gnädig. Wir vermissen dich sehr!
  Deine Großeltern
  Heinz und Helga Scheibner

Verdammt! Niemand vermisst ihn – nur seine Glückstädter Großeltern? Von denen will Leander nun gerade nicht vermisst werden. Wahrscheinlich tun sie's auch gar nicht wirklich. Nichts in ihrem Appell weckt in ihm den Wunsch, zu ihnen zurückzukehren. Im Gegenteil! Das alles erinnert ihn nur daran, warum er dort abgehauen ist. Bloß nicht wieder in ihre Fänge und in die von diesem schrecklichen Pastor Möhlenbruch geraten! Gerade jetzt, wo er anfängt, sich im Yellow Submarine wohlzufühlen. Sauwohl sogar! Mit John teilt er die Leidenschaft für die Welt von Wissenschaft und Technik, für die ihn Papa schon von klein auf begeistert hat. Von manchen Dingen, das muss Leander zugeben, hat John offenbar sogar mehr Ahnung als Papa. Von Ringo erfährt er richtig spannende Sachen über die Welt von damals und die Welt anderswo. Wo der schon überall gewesen ist und was der alles erlebt hat! Und außerdem ist Ringo auch Harry Potter-Fan und kennt sich in der Zauberwelt mindestens so gut aus wie er selbst. George ist manchmal schon ein bisschen seltsam drauf und fängt bei seinem Unterricht im Biologiebuch immer wieder auf derselben Seite an, aber er lässt sich angenehm schnell vom Biologiebuch weglocken in den Garten, wo er über die unscheinbarste Pflanze stotternd halbe Romane erzählt und über jeden Käfer in Begeisterungsstürme ausbricht. Na ja, nicht so sein Ding, diese Welt der Gewächse und Krabbelviecher, aber da er sich immer noch nicht traut, den von hohen Hecken geschützten Umkreis des Yellow Submarines zu verlassen, macht er in seiner Phantasie abenteuerliche Dschungelexpeditionen aus den Gartenstunden mit crazy George. Und mit Paul versteht er sich inzwischen sogar so gut, dass er ihm nach dem Musikunterricht, den Paul immer nur *unsere Sessions* nennt, oft lange und viel aus seiner Kindheit erzählt, über Mama und Papa und Oma Moni, alles darüber, was war und was nicht mehr ist. Das macht ihn oft sehr traurig, aber er spürt, dass es auch Paul traurig macht und es tut einfach richtig gut, mal nicht allein mit seiner Trauer zu sein. Vor ein paar Tagen sagte Paul zu ihm:

»Es ist so verdammt beschissen, dass ich deine Mama nie kennengelernt habe! Ich könnte heulen!«

Geheult hat er dann nicht, aber er hat sich seine Gitarre gegriffen und gesungen.

Yesterday, all my troubles seemed so far away
Now it looks as though they're here to stay
Oh, I believe in yesterday

Suddenly I'm not half the man I used to be
There's a shadow hanging over me
Oh, yesterday came suddenly

Danach hatte Leander nie mehr das Gefühl, Paul wolle nichts von ihm wissen und fühle sich durch das Auftauchen eines Enkels in seinem Leben nur gestört. Seitdem nennt er ihn Opa Paul und der scheint es zu genießen. Also: Alles ist gut, so gut, wie es unter den elenden Umständen seines Lebens nur sein kann. Und jetzt kommen diese Glückstädter Idioten und wollen ihm das alles wieder kaputt machen? Oh nein, nicht mit ihm!

Leander versucht sich zu beruhigen. Sie können ihm ja gar nichts! Sie wissen nicht, wo er ist. Sie können so viele von ihren lächerlichen Appellen schreiben, wie sie wollen, es wird ihnen nichts nützen. Bei dem Gedanken seufzt er erleichtert

auf. Opa Paul wendet seinen Blick vom Schachbrett und dreht sich zu ihm um:
»Ist was?«
Leander lächelt ihn an und schüttelt den Kopf. Er schaut auf die Website und überlegt. Soll er sie den Beatles zeigen? Womöglich lassen sie sich von den Worten seiner Großeltern doch irgendwie rühren? Drängen ihn, sich mit ihnen in Verbindung zu setzen? Wären sie nicht tief im Innersten doch froh, wenn sie ihn wieder los wären, auch wenn sie jetzt andauernd behaupten, er würde ihr Leben *kolossal bereichern*?

Wieder seufzt Leander und wieder dreht sich Opa Paul zu ihm um. Diesmal sagt er aber nichts, schaut ihn nur fragend an.

Leander steht auf. Es hat ja keinen Sinn, den Kopf in den Sand zu stecken. Selbst wenn er den Beatles die Website jetzt nicht zeigen würde: Er kann den Appell nicht lange vor ihnen verheimlichen. Sie nutzen schließlich auch das Internet und schauen immer mal wieder nach, ob sein Name dort irgendwo auftaucht.

Er geht zu Opa Paul rüber und zeigt ihm die Website auf dem Smartphone:
»Hier! Von meinen Großeltern.«
Opa Paul löst seinen Blick von seiner bedrohten Dame und John vergisst seine strategischen Überlegungen, wie er seinen Gegner Schachmatt setzen kann. John steht auf und stellt sich hinter Opa Paul, so dass beide gemeinsam den Appell lesen können. Leander übt währenddessen ein paar Breakdance-Figuren. So lässt sich die Spannung besser aushalten! Er blickt aber immer wieder rüber zu John und Opa Paul, bis er sieht, wie sich die beiden einen Blick zuwerfen, den er nicht richtig deuten kann. Opa Paul fasst sich demonstrativ an den Kopf:

»Unfassbar, diese Leute! In was für einer Welt leben die? Die begreifen ja offenbar gar nichts!«

Johns Mund verzieht sich zu dem gewohnten spöttischen Lächeln, als er achselzuckend antwortet:

»Die leben in derselben Welt wie zum Beispiel die Evangelikalen in den USA, die diesem Trump zujubeln. Und davon gibt es mehr, als du dir in deinen dunkelsten Träumen vorstellen kannst!«

»Ach, hör doch mal auf mit Trump! Das wird ja zur Obsession bei dir!« Opa Paul verscheucht mit einer heftigen Handbewegung Johns miesepetrigen Kommentar. »Es geht hier nicht um Politik oder sonst was. Es geht um Leander. Nur darum geht es. Nun komm doch mal her, Leander!«

Leander friert seine Breakdance-Bewegung ein, bevor er sich langsam Opa Paul nähert. Der zieht ihn zu sich, legt seinen Arm um seine Hüften und fragt:

»Willst du vom Yellow Submarine abmustern, Moses?«

Leander löst sich von Opa Paul und steht vor ihm stramm, legt die Hand an eine imaginäre Mütze und antwortet laut und deutlich so, wie er glaubt, dass ein Schiffsjunge mit seinem Kapitän spricht:

»Niemals, Käpt'n! Wir bleiben für immer abgetaucht!«

Jana

Ich starre fassungslos auf das Schreiben meiner Krankenkasse. Sie informiert mich über ein Gutachten der Bundeszahnärztekammer zu meiner Beschwerde über den Zahnarzt Dr. Nolte. Darin teilt die Kammer mit, dass Dr. Nolte glaubhaft versichert habe, keineswegs meine Behandlung von meiner Bereitschaft abhängig gemacht zu haben, eine privat zu bezahlende *professionelle Zahnreinigung* in seiner Praxis durchführen zu lassen. Herr Dr. Nolte habe mich nur auf dieses Angebot hingewiesen. Ihm liege es völlig fern, Druck auf seine Patienten auszuüben. Insofern könne die Bundeszahnärztekammer kein Fehlverhalten ihres Mitglieds Dr. Nolte erkennen. Meine Krankenkasse weist aufgrund dieses Gutachtens meine Beschwerde ab und lässt mich wissen, dass gegen diesen Bescheid Widerspruch innerhalb einer Frist von vier Wochen möglich sei.

Mein erster Impuls: Empörung! Dieser dreiste Lügner! Damit lasse ich ihn nicht durchkommen!

Ich schnappe mir meinen Laptop, setze mich an meinen *Schreib-Ess-und alles andere*-Tisch und fange an, den Widerspruch zu formulieren, schließe aber nach ein paar Sätzen die Augen und denke noch einmal in Ruhe nach. Habe ich Beweise gegen ihn? Nein. Es gibt nichts Schriftliches und die Sprechstundenhilfe war bei meinem Gespräch mit ihm nicht dabei. Man könnte sie höchstens zum sonstigen Umgang mit der IGeL-Leistung in der Praxis befragen. Dazu müsste ich Klage einreichen. Ich bin nicht rechtsschutzversichert. Gibt es eine realistische Hoffnung, dass die Sprechstundenhilfe ihren Job riskiert, indem sie gegen ihren Chef aussagt? Nein. Ist es also sinnvoll, wenn ich meine Energien an diesen aussichtslosen Kampf verschwende? Nein, nein und nochmals nein. Der Kampf gegen Windmühlenflügel ist eine wunderbare literarische Metapher. Aber ich möchte keine Ritterin von der traurigen Gestalt werden!

Ernüchtert versenke ich meinen Widerspruch in den digitalen Papierkorb. Wieder einmal wird das Unrecht auf der Welt den Sieg davontragen.

Ich klappe den Laptop zu und koche mir in meiner Mini-Kochnische einen starken Assam-Tee. Die *Tea-and-Sympathie*-Klönschnacks mit den Beatles nach meiner Putzerei sind rar geworden, seit Leander da ist. Meistens sind sie voll und ganz mit ihm beschäftigt und ich frage mich langsam, ob es für ein Kind wirklich so gut ist, wenn es rund um die Uhr von vier voll engagierten alten Männern betüddelt wird. Der reinen pädagogischen Lehre entspricht es bestimmt nicht. Aber er scheint sich wohlzufühlen und das ist ja wohl das Wichtigste, nach all dem, was er durchgemacht hat. Und die Beatles blühen regelrecht auf! Vollkommen verflogen ist diese *Wir sinken mit dem Yellow Submarine ganz langsam auf den Grund zu*-Stimmung. Stattdessen pflügt die Mannschaft mit ihrem gelben U-Boot durch die Gewässer und zeigt ihrem Schiffsjungen die unglaublich vielgestaltige, überraschende, auch gefährliche, aber immer spannende Welt.

Ich setze mich mit meinem Tee in meinen Lieblingssessel (by the way: mein einziger Sessel) und schaue mich entspannt um in meiner Dichterinnenklause, wie ich romantisierend mein vierzehn Quadratmeter-Zimmer unterm Dach zu nennen pflege, damit es mir nicht ganz so schäbig vorkommt. Viel gibt es nicht zu sehen: ein Klappsofa, den Tisch, an dem ich sitze, einen Stuhl, einen kleinen Schrank, ein paar Bücherborde und an der einzigen geraden Wand eine Reproduktion von Paula Modersohn-Beckers *Selbstporträt vor grünem Hintergrund mit blauer Iris*. Durch die Dachluken sehe ich einen strahlend blauen Herbsthimmel. Kurz kehren meine Gedanken noch einmal zu dem Ärger mit Dr. Nolte zurück. Wenn ich John erzähle, dass meine Beschwerde abgelehnt wurde, flippt er aus! Und wird mir garantiert die Hölle heiß machen, dass ich nicht klein beigeben darf, für mein Recht kämpfen muss, wird mich und meine Generation mal wieder als angepasste Duckmäuser bezeichnen und uns den aufrührerischen Geist von Achtundsechzig als leuchtendes Vorbild präsentieren. Also erzähl ich's ihm lieber gar nicht erst. Oder nein, halt, so duckmäuserisch werde ich ihm gegenüber denn doch nicht sein. Ich muss mal aufhören, mich einschüchtern zu lassen! Aufruhr um des Aufruhr willens ist nicht mein Ding, werde ich ihm sagen. Man sollte sich schon überlegen, wofür man seine Kräfte einsetzt. Und ich habe mich entschieden: Nicht für diese lächerliche Dr. Nolte-Geschichte. Ich gehe das nächste Mal zu der Zahnärztin, die John mir empfohlen hat und gut ist! Es habe schließlich Wichtigeres zu tun, nämlich endlich meinen (jedenfalls von mir) lang ersehnten Debüt-Roman zu schreiben!

Schlagartig sackt bei dem Gedanken meine Stimmung in den Keller. Wie lange quäle ich mich damit schon herum! Und außer einigen Ideen, die ich in stundenlanger Arbeit skizziert habe, nur um sie am nächsten Tag als völlig unbrauchbar zu verwerfen, habe ich nichts zustande gebracht. Das muss anders werden! Eine umwerfende Idee muss her und zwar sofort!

Ich klappe den Laptop wieder auf, erstelle einen Ordner mit dem Namen *Umwerfende Idee* und fülle ihn gleich mit drei Dateien: *brainstorming.docx, szenen.docx* und *roman.docx*. Die Datei *roman.docx*, die den eigentlichen Text meines Romans enthalten wird, formatiere ich mit der Dokumentvorlage *Normseite*. Zufrieden lehne ich mich zurück. Alles ist bereit für meine Ergüsse!

Eine halbe Stunde später koche ich mir wieder einen Tee und denke mir, ich sollte vielleicht lieber das milde Herbstwetter nutzen und *an die frische Luft gehen*, wie George es immer nennt. Einen Spaziergang um den Weiher machen und die herabfallenden Blätter zählen. Oder am Kaiser-Friedrich-Ufer den Isebekkanal entlangwandeln und schauen, ob das Schwanenpärchen wieder mal auf dem Kanal herumpaddelt. Vielleicht fällt mir ja im Gehen was in den Kopf: die göttliche Eingebung, die geniale Idee! Soll ja Autoren geben, bei denen das funktioniert.

Ich trinke den letzten Schluck Tee, stehe auf, um die Tasse abzuspülen ... und setze mich wieder hin.

Warum nicht über meine Arbeit bei den Beatles schreiben, schießt mir durch den Kopf und ich atme tief durch, um den flüchtigen Gedanken an eben dieser Flucht zu hindern. Doch beim nächsten Atemzug kommt mir die Idee schon nicht mehr umwerfend vor. Was ist schon literaturwürdig an einem Putzjob? Das Putzen ist es nicht, antworte ich mir selbst, aber die Beatles sind es. Und Leander. Leander bei den Beatles, ja genau! Das ist es doch! Wenn das keine geile Story ist! Kind flieht vor christlich-fundamentalistischen Großeltern zu seinem Opa, der von seinem Enkel-Glück noch gar nichts weiß, kommt in Alten-WG und mischt sie kräftig auf. Und mit John, Paul, George und Ringo habe ich eigenwillige, sehr besondere Charaktere, die schreien doch geradezu danach, in Romanfiguren verwandelt zu werden. Und Leander! Was für ein Schicksal! Das Ganze ist doch purer Romanstoff! Warum habe ich das die ganze Zeit nicht gesehen?

Das Adrenalin rauscht nur so durch meine Adern, ich öffne meine Datei *brainstorming.doc* und tippe wild und ungeordnet Stichworte zu allem hinein, was mir einfällt ... und mir fällt unendlich viel ein.

Vor meinen Fenstern hat sich der blaue Himmel in den halbdunklen Stadthimmel verwandelt, als ich erschöpft abspeichere, was aus meinem Gehirn gestürmt ist. Jetzt merke ich auch, dass ich Hunger habe. In meinem kleinen Kühlschrank brauche ich gar nicht erst nachzuschauen, durch das Öffnen der Tür würde das Licht nur leere Fächer bescheinen. Kolossale Stromverschwendung! Ich beschließe, mich für meine Anstrengung mit meinem Lieblingsgericht im nicht weit entfernten indischen Restaurant *Delhi* zu belohnen. Es gibt schließlich was zu feiern: das Ende meiner Schreibblockade und der Beginn meines literarischen Durchbruchs. Vom writer's block zum writer's Ruhm!

Beschwingt mache ich mich auf den Weg. Als ich am Yellow Submarine vorbeikomme, betrachte ich es mit ganz anderen Augen. Die gelb angestrichene Villa, in der viele Fenster erleuchtet sind, stellt sich mir jetzt nicht mehr als mein Arbeitsplatz dar, sondern als Handlungsort meines Romans. Ich überlege kurz, ob ich ihn eins zu eins so schildern sollte, wie er ist, oder ob es nicht besser wäre, das eine oder andere zu ändern. Denn natürlich werde ich mich bei meiner Fiktion nicht sklavisch an die Wirklichkeit halten. Wichtig ist die Stimmigkeit im Roman selbst, das darf ich nicht vergessen. Und nur danach werde ich mich richten. Aber als Ort des Geschehens scheint mir das Yellow Submarine, so wie es ist, perfekt. Skizze davon anfertigen, notiere ich mir im Kopf und auch sonst sind meine Gedanken weiter voll mit dem Roman beschäftigt, der endlich zu mir gekommen ist, der sich mich ausgesucht hat, um sich zu materialisieren. So kommt es mir jedenfalls vor.

Plötzlich stehe ich vor dem *Delhi*, ohne mich an den zurückgelegten Weg erinnern zu können. Ich ergattere einen Platz am Fenster und winke ab, als der Wirt mit der Karte kommt.

»Murgh Saag und ein Mango Lassi«, bestelle ich und lehne mich zurück. Der Wirt lächelt wissend und bringt schon mal einen Korb mit Chapatis. So knabbere ich vergnügt vor mich hin, bis das Murgh Saag kommt. Ich weiß auch nicht, warum ich gerade diese Kombination aus Huhn und Spinat so oberlecker finde, aber es ist mir auch diesmal eine wahre Gaumenfreude!

Satt und zufrieden nippe ich an meinem Mango Lassi, doch dann kriechen ganz langsam erste Zweifel über mein Schreibprojekt in meine Gehirnwindungen. Das ist ja alles gut und schön mit diesen betagten Beatles-Verschnitten, der schriftstellernden Putzfrau und dem bedauernswerten Waisenjungen mäkelt eine unüberhörbare Stimme in mir, das taugt als Ausgangssituation, aber das ist noch lange keine Story!

Hmmh, ich fürchte, das stimmt. Was fehlt, ist noch jede Menge von dem, was einen Roman zu einem spannenden Roman macht, einem interessanten, einem bewegenden Roman, einem Page-Turner. Ich brauche mehr Entwicklung, brauche Konflikte, Bedrohungen, menschliche Dramen, existenzielle Krisen, überraschende Wendungen ...

Puh!

Das Glas mit Mango Lassi ist leer und mir ist klar, dass ich noch ganz am Anfang eines Projektes stehe, von dem ich nicht die geringste Ahnung habe, wo es mich hinführen wird. Einfach nur die Realität abkupfern reicht eben nicht, stelle ich ernüchtert fest. Aber immerhin, ein Anfang ist gemacht, versuche ich meine Euphorie noch ein bisschen zu verlängern. Heute genieße ich das einfach. Die Mühen der Ebene kommen noch früh genug.

Als ich am nächsten Tag nach der üblichen Begrüßung kurz am Frühstückstisch der Beatles stehenbleibe, fragt mich John genau das, was ich befürchtet habe:
»Endlich mal was von deiner Beschwerde gegen Dr. Nolte gehört?«

Und natürlich gerät er nach meinem bewusst knappen und sachlichen Bericht über das Ablehnungsschreiben der Krankenkasse in eine Ekstase des *Jetzt erst recht! Denen werden wir es zeigen!* und *Das wollen wir doch mal sehen!*

Auf meinen Versuch, John klarzumachen, warum ich diesen aussichtslosen Kampf nicht weiterführen werde, ernte ich prompt die erwartete Beschimpfung meiner Generation, wobei *Elende Schlaffis!* noch das Harmloseste ist.

»Selbst wenn es dir vielleicht nichts nützt, denk doch mal an die anderen Patienten!«, ermahnt mich John. »Wenn sich viele immer wieder beschweren, dann wird das irgendwann so viel Wirbel machen, so viel Wirbel wird das machen, dass sie das System mit diesen IGeL-Leistungen so nicht aufrechterhalten können! Das System muss zerschlagen werden!«

Ich kann es nicht mehr hören und heute gebe ich ihm auch endlich Kontra:

»Danke für den Tipp, John! Wart ihr nicht auch mit dem Anspruch angetreten, *das System* zu zerschlagen, oder wie war das? Aber: Habt ihr irgendwas erreicht? Der Kapitalismus blüht wie nie zuvor! So, und jetzt muss ich meine Arbeitskraft ausbeuten lassen und den Dreck von vier Veteranen der Revolution wegmachen!«

»Mooooooment!«

John will mich aufhalten, aber ich begebe mich zielstrebig in den ersten Stock. Ich höre John mir hinterher rufen:

»Wenn wir so egoistisch und angepasst gewesen wären wie ihr, würdet ihr heute nicht in einer so liberalen Gesellschaft leben! Dann gäb's noch den Kuppelei-Paragraphen und das Züchtigungsrecht für Kinder und Schwule würden ins Gefängnis gesteckt und ...«

Ich schließe die Tür zu Ringos Zimmer hinter mir. Puh, diese Leier hat er schon so oft abgenudelt! Das mag ja alles gut und richtig sein, aber ich werde mich wegen der tollen Verdienste der Achtundsechziger um eine liberale Gesellschaft nicht von John in einen kräftezehrenden Kampf mit der Gesundheitsbürokratie drängen lassen. Nein! Ich brauche jetzt alle Kraft für meinen Roman und auch wenn mir vieles noch unklar ist, eins weiß ich bestimmt: In diesem Roman wird es um vieles gehen, aber um eins nicht, um eine lächerliche Auseinandersetzung mit einem Zahnarzt! Sowas Banales interessiert doch niemanden! Und es ist wohl auch kaum das, was mit dem *Neuen Realismus in der Literatur* gemeint ist, oder? Etwas relevanter sollte es wohl schon sein.

Ich fange mechanisch an, den Staub von Ringos Regalen zu wischen, aber meine Gedanken bleiben bei meinem Roman. Es ist leichter zu wissen, worüber ich nicht scheiben will, als worüber ich schreiben sollte. Was, von all dem, was ich hier erlebe, taugt als Romanstoff? Ich beschließe, genauer zu beobachten, mir tagebuchartig alles zu notieren und erst nachträglich zu entscheiden, was ich verwenden will und wie und was ich dazu erfinde und wie und ...

»Oh, verdammt!«

Mir ist beim Entstauben der kleine mundgeblasene Glas-Buddha aus der Hand gefallen, der neben Ringos Reisetagebüchern thront. Was für ein Krach so ein kleiner Dickbauch doch auf dem Dielenboden macht! Ich hebe ihn schnell wieder auf und betrachte ihn besorgt, aber er scheint nicht mal einen Kratzer abbekommen zu haben. Ich stelle ihn zurück an seinen Platz und bin dem in sich gekehrten Erleuchteten dankbar, dass er mich mit seinem Fall aus meiner inneren Versenkung herausgerissen hat. Ich werde mich wieder auf meine Arbeit im Hier und Jetzt konzentrieren. Aber dann! Nachher, zu Hause, in meiner Dichterinnenklause unter dem Dach, werde ich mich ganz darauf stürzen, das hier Erlebte in Literatur zu verwandeln. So und nicht anders sei es!

Kaum bin ich wieder zu Hause, rufe ich meine Datei *roman.docx* auf und mache mich an die Arbeit. Die Ausgangssituation ist schnell geschildert, doch was soll jetzt passieren? Ich denke an Tschechows Satz *Wenn im ersten Akt ein Gewehr an der Wand hängt, dann wird es im letzten Akt abgefeuert.*

Ich schreibe zwar kein Theaterstück, sondern einen Roman, aber das Zitat gibt mir zu denken: Welche Entwicklungen, besser Verwicklungen, am allerbesten dramatische Zuspitzungen könnten sich aus dem ergeben, was bisher geschehen ist? Was ist in meinem Roman das Gewehr an der Wand?

Ich lese noch einmal aufmerksam alles durch, was ich geschrieben habe und skizziere mögliche *Gewehre*, die schon den *Schuss* im letzten Akt ankündigen.

Am wahrscheinlichsten ist, dass sich aus der Situation Leanders doch noch schwere Konflikte ergeben. Im Moment ist zwar alles ausgesprochen friedlich und harmonisch, aber wenn ich darüber nachdenke, ist es geradezu verdächtig friedlich und harmonisch! Leander kann ja nicht ewig abgeschottet in der Beatles-Villa leben. Was ist, wenn er mal krank wird? Was ist, wenn das Jugendamt ihn doch noch aufspürt? Was ist, wenn die Beatles es irgendwann leid sind mit einem ungestümen Heranwachsenden im Haus, während sie immer älter und klappriger werden?

Ich notiere meine Gedanken unter dem Stichwort *Gewehr: Was geschieht mit Leander?* Klar, das ist der offensichtlichste Konfliktherd. Aber droht im Leben und erst recht in der Literatur die Gefahr nicht aus eher unerwarteten Quellen? Man fürchtet sich vor Krebs und stirbt an einer verschleppten Erkältung. Man fährt aus Angst vor Terroristen lieber im eigenen Auto statt zu fliegen und landet prompt in der Jahresstatistik der tödlichen Verkehrsunfälle. Na, und so weiter. Was ist mit Georges zunehmender Vergesslichkeit? Wie würden die Beatles mit einem Demenzkranken in ihrer Mitte fertig? Und wie Leander? Ich notiere *Gewehr: Demenz.* Und was ist mit John und Ringo? Ewig fechten sie ihre politischen Differenzen aus, manchmal so erbittert, dass ich schreiend davonlaufen möchte. Angeblich berührt das ihre tiefe Freundschaft überhaupt nicht. Aber glaube ich das wirklich? Und fällt vielleicht nicht doch irgendwann der Tropfen ins Fass, der es zum Überlaufen bringt? Am besten in einem Zusammenhang mit Leander, jedenfalls in meinem Roman. Ich notiere *Gewehr: Dispute Ringo/John*. Je aufmerksamer ich lese, desto mehr *Gewehre* finde ich, auch welche, die nicht an der Wand hängen, sondern sich gut versteckt in scheinbar Nebensächlichem nur dem erfahrenen Betrachter zeigen. Was hat es z. B. mit der geheimnisvollen Widmung in Johns Buch auf sich? Wer ist diese Miranda? Und könnte sie noch eine unvermutete Rolle spielen? Ich notiere *Gewehr: Miranda*.

Am Abend habe ich eine lange Liste mit *Gewehren* zusammen, die ich erschöpft betrachte, um *das Gewehr* zu finden, aus dem der Schuss fallen wird. Aber ich sehe vor lauter *Gewehren* das Tschechowsche nicht. Erst mal drüber schlafen. Am nächsten Tag sieht man oft klarer!

Ich klappe mein Schlafsofa auf, lüfte kräftig durch und nach den üblichen Zu-Bett-Geh-Verrichtungen liege ich im Halbdunklen und suche den erholsamen Schlaf, der alles klärt. Ich suche ihn auf dem Rücken liegend, auf der rechten Seite, auf der linken Seite, wieder auf der rechten Seite, doch ich finde keinen Schlaf, sondern nur noch mehr *Gewehre*. Zuerst will ich wieder aufstehen und sie auch noch meiner Liste hinzufügen, doch ein Rest Vernunft sagt mir, dass ich mich verrenne, dass mich das nicht weiterbringt, sondern nur um den Schlaf. Danke, Vernunft, dass du noch über mich wachst, denn dein Schlaf gebiert Ungeheuer, das weiß man doch! Ich werde morgen noch einmal mit frischen Augen mein Schreibprojekt betrachten und außerdem weiter die Augen offenhalten, wenn ich im Yellow Submarine bin. Die Wirklichkeit liefert manchmal die besten Geschichten, auf die ich mit meiner wildesten Autorinnen-Fantasie niemals kommen würde. Ist das Yellow Submarine nicht auf einer Magical Mystery Tour, auf der Seltsames passieren kann? *The Magical Mystery Tour is waiting to take you away?*

Mit diesen sich im Wegdämmern verwirrenden Gedanken gleite ich in einen Halbschlaf und freundlicherweise stellt mir mein Gehirn sogar ein Schlaflied zur Verfügung. Es sendet mir aus dem Erinnerungsnetzwerk Pauls Stimme, der gestern im Studio allein ein Lied gespielt hat und dessen sanfte Stimme mich jetzt in die Träume geleitet:

Golden slumbers fill your eyes
Smiles awake you when you rise
Sleep, pretty darling, do not cry
And I will sing a lullaby

Leander

I get by with a little help from my friends,
I get high with a little help from my friends,
Going to try with a little help from my friends

Heute haben mal wieder alle vier Beatles mit Leander zusammen gespielt. Das gefällt ihm immer noch am besten von allem, was er hier im Yellow Submarine erlebt. Sein Gitarrenspiel hat sich enorm verbessert, seit Opa Paul ihm Unterricht gibt, und Zeit zum Üben hat er ja auch reichlich. Das ist weiterhin sein Lieblingsunterricht, gefolgt von den irren Trips mit John in die Welt von Quarks, Spins, gekrümmten Räumen und Katzen, die gleichzeitig tot und lebendig sind. Da fährt er voll drauf ab, auch wenn Ringo manchmal kopfschüttelnd daneben steht und John vorhält, seine professoralen Vorträge seien das Gegenteil von kindgerechter Pädagogik. Ringo gibt sich wirklich viel Mühe und bereitet die Unterrichtsstunden für seinen einzigen Schüler sorgfältig vor mit expliziten und impliziten Lernzielen, einzusetzenden Medien, häufigem Methodenwechsel und was sein wohlsortierter Pädagogenkoffer sonst noch so hergibt, nur die Gruppenarbeit kann er mangels Gruppe schwerlich zum Einsatz bringen. Nicht, dass Leander das nicht zu schätzen wüsste, aber sein Interesse gilt eben weniger den Zusammenstößen mittelalterlicher Heere als den Kollisionen von Galaxien im Weltall, weniger der französischen Revolution als der kopernikanischen und am allerwenigsten den französischen Hilfsverben. Viel interessanter findet er es, wenn es ihm gelingt, Ringo dazu zu bringen, von seinen vielen Reisen zu erzählen. Und das alles im Rollstuhl! Voll mutig, findet Leander. Da kann sich so mancher, der auf zwei gesunden Beinen herumläuft, eine Scheibe von abschneiden, aber sowas von!

»Ich bin auf Eseln, Elefanten und Kamelen geritten, sogar in Sänften hat man mich getragen, aber notfalls bin ich auch auf dem Po die Treppen hoch-und runtergerutscht. Das kann ich natürlich heute nicht mehr«, hat Ringo bedauert. Am häufigsten sei er in Indien gewesen, das er liebe und hasse, weil es so voller Schönheit und Dreck, voll unendlichem Reichtum und bitterster Armut, voll grandioser Landschaften und erbarmungsloser Umweltzerstörung, voll hemmungslosem High-Tech und unerbittlicher Traditionen sei.

Jetzt sitzen sie am großen Küchentisch und Leander hat es mal wieder geschafft: Ringo hat eins seiner vielen Fotoalben aus seinem Zimmer geholt und blättert schon darin herum. Diesmal war es nicht besonders schwer, ihn auf sein Lieblingsthema zu bringen, denn Ringo hat schon das Reisefieber erfasst. Für morgen ist sein Flug nach Bangalore gebucht. Eine Rikscha wird ihn vom imposanten *Kempegowda International Airport* in das unscheinbare Gebäude des *International Healthservice for Rehabilitation* bringen, wo er als Erstes einen Mandelbaum im neu angelegten Lehrgarten für geistig Behinderte pflanzen darf. Nach einer Woche, in der er die drei hauptamtlichen und die vielen ehrenamtlichen Mitarbeiter bei ihrer Arbeit begleiten und nicht zuletzt *viel, viel reden und lachen und mit ihnen das Leben feiern* will, wird er einen dreiwöchigen Trip durch Südindien anschließen. Sein bewährter Taxifahrer Gupda wird ihn fahren, aber nur, wenn er vorher einen Tag bei seiner Familie verbringt, damit er ihm seinen neugeborenen Sohn vorstellen kann.

»Das wird natürlich auch nicht ohne ausgiebiges Feiern abgehen«, stöhnt Ringo lustvoll und hat sicherheitshalber noch einen Tag zur Erholung eingeplant, bevor sie sich in Gupdas uraltem Mercedes auf den Weg machen werden.

»Sehr gut gefedert«, lobt Ringo Gupdas ganzen Stolz und einziges Betriebskapital. »Und das ist auf Indiens Straßen von unschätzbarem Wert! Als ich noch getrampt bin, bin ich manchmal von Klapperkisten mitgenommen worden, in denen ich mich wie in einem Cocktailshaker gefühlt habe.«

»Hast du nie Angst gehabt, dass du mal keinen findest, der dich mitnimmt?«, fragt Leander. »Oder keinen, der dir hilft? Oder dass dich sogar einer ausraubt. Man hört sowas doch andauernd!«

Ringo schüttelt lächelnd den Kopf:

»Du glaubst gar nicht, wie viel hilfsbereite Menschen es auf der Welt gibt! Und nur einmal hat man mir mein Portemonnaie geklaut und das war ausgerechnet im reichen Norwegen. Na ja, die Gefahr lauert immer da, wo man sie nicht vermutet.«

Ringo unterbricht sich irritiert, denn Jana, die mit einem Plastikeimer zur Spüle strebt, bleibt stehen und schaut ihn an, als habe er eine große Weisheit verkündet.

»Stimmt's oder hab ich recht?«, fragt Ringo sie. Sie lächelt, sagt, genau das habe sie gestern auch gedacht, allerdings in einem anderen Zusammenhang.

»Aha! In welchem?«, will Ringo wissen, doch Jana winkt ab und meint, das sei nicht weiter wichtig. Sie füllt den Eimer mit Wasser und Fensterreiniger und bringt ihn ins

Wohnzimmer. Leander schaut in der folgenden Zeit immer mal wieder zu ihr hin, wie sie dort die Fenster putzt. Sie ist schwer beschäftigt, nicht nur ihr Arm schwenkt mit dem Fensterputztuch an den Scheiben hoch und runter, sondern ihr ganzer Körper ist in ständiger Auf- und Ab-Bewegung. Trotzdem hat Leander den Eindruck, dass sie Ringos Erzählungen genauso gebannt lauscht wie er selbst, denn immer, wenn es besonders spannend wird, erstarrt ihre Bewegung für einen Moment, bevor sich ihr Auf und Ab fortsetzt. Typisch Jana, denkt Leander. Sie redet zwar nicht viel, aber er hat das Gefühl, dass sie alles um sich herum ganz genau beobachtet. Manchmal ist ihm das ein bisschen unangenehm, dann fühlt er sich wie auf dem Präsentierteller. Was ist das überhaupt, ein Präsentierteller, schießt ihm durch den Kopf. Das Wort hat Mama oft benutzt. Nein, jetzt nicht an Mama denken. Ringo hat gerade eine Seite im Album aufgeblättert und zeigt auf ein Foto von sich mit drei breit lächelnden indischen Begleitern vor dem Tadsch Mahal. Und natürlich erzählt er ihm jetzt die Geschichte vom Großmogul Shah Jahan, der dieses unfassbar schöne weiß strahlende Grabmal zum Gedenken an seine verstorbene Frau erbauen ließ.

»Das Schönste, was eine große Liebe je hervorgebracht hat«, sagt Ringo und seine Augen glänzen feucht. Dann erzählt er schnell weiter, dass der Marmor und anderes Baumaterial angeblich von eintausend Elefanten herantransportiert worden seien, dass der Großmogul ein genau gleiches Grabmal in Schwarz für sich selbst geplant habe, er aber von seinem eigenen Sohn entmachtet und jahrelang eingesperrt worden sei.

»Krasse Story«, findet Leander. »Von seinem eigenen Sohn eingesperrt werden! Sowas Brutales gab's hier bei uns aber bestimmt nicht!«

Ringo lacht laut auf:
»Was glaubst du, wie viele europäische Könige sogar von ihren eigenen Söhnen umgebracht wurden?«

Vor einer ausufernden Geschichtsstunde über europäische Königshäuser und ihre finsteren Machenschaften wird Leander durch Opa Paul bewahrt, der wortlos Ringos Fotoalbum zur Seite schiebt, seinen Laptop aufklappt und auf die aufgerufene Website zeigt. Es ist die Website für vermisste Kinder, auf der schon der Appell von Oma und Opa Scheibner erschienen war. Diesmal sind die es aber nicht, die sich an Leander wenden, sondern das Jugendamt Glückstadt.

Leander wird kurz schwarz vor den Augen. Was wollen die? Alles ist gut. Die sollen ihn bloß in Ruhe lassen! Er will gar nicht wissen, was die für ihn ausgeheckt haben.

Er springt auf, doch Opa Paul drückt ihn sanft zurück auf den Stuhl.

»Lies!«, fordert er ihn auf und ruft nach John und George. Plötzlich steht auch Jana hinter Leander. Er blickt sich fragend zu ihr um und sie nickt ihm aufmunternd zu. Schließlich stehen alle im Halbkreis hinter ihm und Ringo und lesen das Angebot, das das Jugendamt Glückstadt dem flüchtigen Minderjährigen macht, der offiziell unter seiner Amtsvormundschaft steht.

Eine Weile herrscht Schweigen, bis Ringo sich als erster aus der Deckung wagt:

»Tja, das hört sich doch gar nicht so schlecht an, oder? Offenbar haben sie inzwischen kapiert, dass Leander bei seinen Großeltern nicht bleiben kann und wird. Und der Hinweis darauf, dass über das Sorgerecht noch nicht entschieden ist, ist doch ein regelrechter Wink mit dem Zaunpfahl.«

»Aber das Angebot, Leander könnte in einer betreuten Jugend-WG unterkommen, das ist doch nicht das, was du willst, oder?«, wendet sich Opa Paul direkt an Leander.

Leander wedelt heftig mit den Händen, als müsse er heranfliegende Pfeile abwehren:

»No way! No way! No way!«

Während Ringo Leander mit »Schon gut, schon gut. Wir haben verstanden!« zu beschwichtigen sucht, steht Opa Paul die Erleichterung über Leanders Antwort ins Gesicht geschrieben.

»Nun setzt euch doch! Das gibt ja doch ein längeres Palaver!«, schlägt Jana vor und brüht Tee und Kaffee auf.

Nach einer Stunde, in der viele Tassen Kaffee und Tee geleert und alle erkennbaren oder vielleicht auch nur herbeiphantasierten Probleme von allen Seiten beleuchtet werden, nach einer Stunde in der George dreimal strahlend verkündet, er fände es schön, das Leander hier sei, als wären damit alle Probleme gelöst, und in der John immer wieder warnt, dieses Angebot des Jugendamtes könne auch eine Falle für Leander sein, sind sie sich immerhin über das Ziel einig:

»Legalize it!«, bringt Ringo es grinsend auf den Punkt. »Leander bleibt bei uns und Paul als sein Großvater erhält das Sorgerecht. Dann kann Leander endlich wieder unbeschwert nach draußen gehen, kann in die Schule, kommt mit anderen Kindern zusammen ...«

»Und wenn sie nicht gestorben sind, dann leben sie noch heute. So enden nur Märchen!«, warnt Jana, doch der unverbesserliche Optimist Ringo lässt ihren Einwand nicht gelten:

»Leander und wir können auch ein märchenhaftes Ende erreichen. Aber dazu brauchen wir eine ausgefeilte Strategie. Damit uns die böse Hexe nicht durch das leckere Pfefferkuchenhaus in die Falle lockt, werden wir nicht gleich daran knabbern, sondern erst mal testen, ob dahinter der Backofen lauert, in den sie Leander schieben will, oder ...«

»Nochmal ohne diesen ganzen Märchenscheiß, bitte!«, unterbricht John Ringo ungeduldig.

»Ganz einfach.« Ringo lässt sich nicht aus der Ruhe bringen. »Leander schreibt ihnen, wie es ist. Dass er seinen Großvater mütterlicherseits gefunden hat und dass der bereit ist, das Sorgerecht für ihn zu übernehmen. Also, wo ist das Problem?«

John verdreht die Augen und äfft Ringo nach:

»Wo ist das Problem? Vielleicht, dass seine Großeltern in Glückstadt sich mit Händen und Füßen dagegen wehren werden, ihren Enkel einer Gott so ungefälligen WG von Alt-Hippies auszuliefern? Einem Großvater, der ein abgewrackter Musiker, sorry Paul, ohne eigene Einkünfte ist? Der mit drei klapprigen Männern zusammen lebt, von denen einer im Rollstuhl sitzt, sorry Ringo, einer herzkrank ist, sorry for myself und einer ...«

John verstummt und blickt zu George, der unbekümmert zum vierten Mal versichert:

»Ich find das schön, dass Leander hier bei uns ist.«

»Prima, George. Also so sieht's aus. Jedenfalls für ein Amt stellt sich das so dar. Und außerdem sind wir alle vier Kindeshinterzieher oder wie man das nennt. Kriminelle! Und ihr glaubt, da wird das Jugendamt sich für das Sorgerecht für Paul aussprechen? Dream on, litle dreamer, dream on!«

»Abgewrackter Musiker!«, empört sich Opa Paul, doch Ringo lässt sich von John nicht provozieren:

»Blödsinn! Für das Amt stellt es sich vielmehr so dar: Entweder sie stimmen zu, dass Leander bei seinem Großvater aufwächst, in einer WG mit betuchten, seriösen Senioren wie einem emeritierten Professor, einem ehemaligen Schuldirektor und einem ehemaligen Frauenarzt, die auch die finanziellen Mittel für ein Kind aufbringen wollen und können, oder er bleibt für sie unerreichbar irgendwo verschwunden und vegetiert womöglich als bettelndes Straßenkind im Pariser Untergrund. Was glaubst du, was die wählen, John?«

John holt schon tief Luft, um Ringo Kontra zu geben, doch jetzt mischt sich Leander selbst in die Diskussion ein:

»Was ist, wenn die zwar sagen, ich darf hierbleiben, aber dann, wenn die mich erst haben, doch in so 'ne Scheiß-betreute-Jugend-WG, oder wie das heißt, stecken?«

»Deshalb schilderst du ihnen ja alles genauso wie es ist«, versucht Ringo ihm seinen Plan schmackhaft zu machen, »nur verlegst du unsere WG nach Paris, und erst wenn sie dir schriftlich zusichern, dass du dableiben darfst, kommst du aus der Deckung.«

John rauft sich seine weißen Locken und verkündet, er könne so viel Naivität nicht fassen, *schriftlich zusichern!*, als ob die dann an sowas gebunden wären, sowas könne nur ein hoffnungsloser Gutmensch wie Ringo glauben, Leander habe völlig zu Recht Angst, sich diesem Jugendamt auf Gedeih und Verderb auszuliefern. Am besten, sie reagierten gar nicht auf den Lockruf des Jugendamtes Glückstadt, das sei das einzig Vernünftige und er fürchte, er brauche jetzt eine Extra-Pille gegen seinen Bluthochdruck.

John verzieht sich in sein Zimmer, Ringo blickt ihm besorgt hinterher, George summt *Here comes the sun, little darling*, Jana räumt den Tisch ab und Opa Paul legt den Arm um Leanders Schultern:

»Ich denke auch, wir sollten kein Risiko eingehen«, unterstützt er seinen Enkel, der heftig nickt, und verspricht ihm: »Wir warten jetzt erst mal, bis Ringo aus Indien zurückkommt, und dann überlegen wir uns in Ruhe eine Strategie. Aber gegen deinen Willen machen wir gar nichts.«

Puh! Das ist ja nochmal gut gegangen! Leander fällt das Atmen wieder leichter. Trotzdem schläft er in der Nacht unruhig und als er sich am nächsten Tag von Ringo verabschiedet, hat er ein mulmiges Gefühl.

»In vier Wochen bin ich ja schon wieder da!«, tröstet der ihn, während er sich von der elektronisch gesteuerten Rampe in seinen Kleinbus hieven lässt:

»Bis ich zurück bin, erhebe ich dich in den Rang eines Ersten Steuermanns. Pass auf, dass die drei alten Käptn's hier nicht auf das erstbeste Riff auflaufen!«

»Pass du man auf, dass du nicht als fetter Buddha im Lotussitz endest und vor lauter Erleuchtung den Rückweg nicht findest!«, ruft John Ringo hinterher, der aus dem Fenster winkend in Richtung Flughafen entschwindet.

In den nächsten Tagen behelligt niemand Leander mit dem französischen Subjonctif oder Lektionen über Geschehnisse in grauer Vorzeit wie den Punischen Kriegen oder den Golfkriegen. Trotzdem vermisst er Ringo. Ansonsten geht das Leben im Yellow Submarine seinen gewohnten Gang. Über den Lockruf des Jugendamts verliert zum Glück keiner ein Wort.

Zu Ehren des in Indien weilenden Ringos holt Opa Paul seine regelmäßig von Jana entstaubte, aber selten von ihm benutzte Sitar hervor und weiht Leander in die Anfangsgründe des Sitarspiels ein. Dabei erzählt er ihm von der engen Freundschaft zwischen George Harrison und dem berühmten Komponisten und Virtuosen auf der Sitar Ravi Shankar. Er muss sich selbst erst wieder auf dem Instrument einspielen, aber es gelingt ihm ansatzweise, Leander *Within you, without you* vorzuspielen. Er schaut Leander in die Augen, als er singt:

Try to realize it's all within yourself
no-one else can make you change
And to see you're really only very small
And life flows on within you and without you

»Aber lieber noch eine Weile within you!«, lacht Opa Paul. »Und jetzt reicht's mir auch mit den Lebensweisheiten! Ich hab Hunger, du auch?«

Leander knurrt sogar schon der Magen, aber er wollte Opa Paul nicht aus seinem konzentrierten Spiel reißen.

»Geh schon mal runter in die Küche. Ich nehm den Fahrstuhl. Jetzt, wo Ringo nicht da ist, muss ich da ja nicht Schlange stehen.«

Opa Paul legt die Sitar beiseite und steht auf. Er wartet erst einen Moment, bevor er langsam in Richtung Fahrstuhl geht. Und erst jetzt fällt Leander auf, dass er sein rechtes Bein etwas nachschleift.

»Ist was mit deinem Bein?«, fragt er ihn, als er ihm beim Gemüseschnippeln hilft.

Opa Paul gibt zu, dass sein Knie schon seit Langem *verdammt weh* tue, er es aber nicht habe wahrhaben wollen, dass nach den Hüftgelenken nun auch sein rechtes Knie *rumzicke*.

»Stehen geht, sitzen geht, nur gehen geht schwer«, sagt er, lenkt aber gleich wieder von seinen Beschwerden ab, indem er über die Seltsamkeiten der deutschen Sprache sinniert. Gehen geht? Das erinnere ihn an *Die Schrecken der deutschen Sprache* von Mark Twain, eine erbarmungslose Abrechnung, die sie in der Schule mal gelesen hätten.

Während Opa Paul versucht, sich zu erinnern, über welche Schrecken sich Mark Twain so alles ausgelassen hat, assistiert Leander ihm beim Kochen und serviert anschließend auch die Mahlzeit. Beim Essen sagt Opa Paul zu John und George, er habe Sehnsucht nach seiner Krankengymnastin und werde sich morgen mal von ihr sein Knie schön durchwalken lassen.

»Sehnsucht, aha!«, lästert John. »Das läuft sowieso wieder auf eine OP raus.«

Opa Paul will davon nichts wissen:

»Wenn Ringo jetzt hier wäre, würde er dich einen notorischen Schwarzseher nennen!«

»Wo ist Ringo denn?«, fragt George

»In Indien! Das weißt du doch! Du hast ihm doch selbst noch hinterhergewinkt.«

»Ach ja. Stimmt. Aber er hätte ja auch nach Spanien fahren können. Hätte er doch, rein theoretisch, oder?«

»Ja, George. Und du hättest auch dein Hemd mal gerade zuknöpfen können. Rein theoretisch«, entgegnet John und Leander empfindet den Blick, mit dem er George mustert, als ziemlich abfällig.

Bestürzt blickt George an seinem Hemd herunter und knöpft es langsam auf. Leander spürt, wie etwas seine Beine streift. An Johns Zusammenzucken erkennt er, dass Opa Paul John offenbar getreten hat. Leander vermutet, mit seinem linken Bein, denn sonst wäre sein Gesicht jetzt bestimmt schmerzverzerrt. Opa Paul blickt aber ganz entspannt John an, als er fragt:

»Hast du nicht mal gesagt, du möchtest um nichts in der Welt so ein kleinlicher Nörgelrentner werden?«

John schweigt und Leander ist sich sicher, dass er über eine besonders spitze Bemerkung nachdenkt, mit der er Opa Pauls Vorwurf ins Lächerliche ziehen kann. Darin ist er ja ein ausgesprochener Meister. Doch er sagt nach einer Weile:

»Danke, Paul und sorry, George!«

George ist noch so mit seinen Knöpfen beschäftigt, dass er gar nicht zuhört. Opa Paul grinst John an:

»Ausnahmsweise wird dir die öffentliche Selbstkritik diesmal erlassen und es droht auch kein Parteiausschluss.«

Leander fragt sich, von welcher Partei Opa Paul redet. Er hat nichts davon mitgekriegt, dass einer der Beatles in einer Partei wäre. Aber das ist ihm auch egal, Hauptsache, sie vertragen sich wieder.

Am nächsten Tag hat Opa Paul es tatsächlich geschafft, um 19:00 Uhr einen Termin bei seiner Physiotherapeutin zu bekommen, nach dem offiziellen Praxisschluss und nur dank seines unwiderstehlichen Charmes, brüstet er sich. Sie essen etwas früher als sonst und als Paul gegangen ist, schlägt George plötzlich vor, noch ein bisschen Musik zu machen. Sonst kommt die Initiative dazu selten von ihm, aber Leander hat sofort Lust und John muss auch nicht lange überredet werden. John übernimmt heute das Schlagzeug, George die Bass- und Leander die Leadgitarre. Sie picken sich ein paar Songs aus dem umfangreichen Beatles-Repertoire heraus, bis sie nach einer halben Stunde bei *Carry that weight* angelangt sind. Ganz zart lässt John seine Stimme durch den Raum schweben:

I never give you my pillow
I only send you my invitations
And in the middle of the celebrations
I break down

Aus vollen Kehlen und mit heftigem Einsatz ihrer Instrumente fallen Leander und George mit in den Refrain ein:

Boy, you're gonna carry that weight
Carry that weight a long time
Boy, you're gonna carry that weight
Carry that weight a long time

»Once again!«, ruft John ... und sackt im selben Moment zusammen. Er knallt auf das Schlagzeug, das mit Geschepper umkippt, und bleibt gekrümmt darauf liegen.

Oh nein!

Leander erstarrt und fühlt sich vollkommen gelähmt. Als er aber sieht, wie George nach einer Schrecksekunde seine Gitarre abstreift und fallen lässt, tut er es ihm nach und zusammen zerren sie John auf den Boden und drehen ihn auf den Rücken. George fühlt Johns Puls und öffnet kurz seine Augenlider.

»Sofort 112 anrufen und sagen: Verdacht auf Herzinfarkt!«, ruft er Leander zu und beginnt mit der Herzdruckmassage. In seiner Zeit als niedergelassener Frauenarzt gehörten Wiederbelebungsmaßnahmen nicht zu seinen üblichen beruflichen Anforderungen, dennoch muss er jetzt keinen Moment nachdenken. Sein von Adrenalin geflutetes Gedächtnis, das ihn sonst so oft im Stich lässt, hält die 30:2 Regel abrufbereit für ihn parat. Er drückt kräftig dreißig Mal auf Johns Brustbein und bläst ihm danach zweimal langsam seine Atemluft in den Mund. Als Leander verkündet, der Notarzt sei unterwegs, hat John die Augen schon wieder aufgeschlagen.

»Hol Kissen!«

Georges Anweisungen an Leander sind bestimmt, seine Worte an John beruhigend:

»Nur ein kleiner Herzkasper. Das kennst du ja schon. Der Notarzt ist gleich da.«

Er öffnet Johns oberen Hemdknopf, umarmt ihn und zieht seinen Oberkörper hoch, damit Leander die Kissen darunterstopfen kann. John atmet schwer und sein Gesicht ist schmerzverzerrt. Leander rennt zur Haustür, um sie schon mal für den Notarzt zu öffnen und da hört er das gellende Martinshorn. Er hält die Tür auf und schon stürmen zwei Rettungssanitäter und eine Notärztin an ihm vorbei.

Die nächsten Minuten starrt Leander zusammen mit George auf die drei in ihren rotgelben Overalls, die routiniert ihre eingeübten Hilfsmaßnahmen an John abspulen. George legt den Arm um Leander und sagt immer wieder:

»Das sind Profis. Die schaffen das.«

Und tatsächlich gelingt es ihnen, John so weit zu stabilisieren, dass er ins Krankenhaus transportiert werden kann. Während die Sanitäter John auf eine Trage heben und festschnallen, hat die Notärztin jetzt auch einen Blick für die beiden.

»Wir bringen ihn ins UKE«, erklärt sie. Doch noch während sie das sagt, leuchten ihre Augen auf:

»Dr. Kaufmann?«

George runzelt die Stirn, doch er nickt. Die Notärztin lächelt und streckt ihm die Hand hin:

»Ich bin Dr. Ronja Wiesholdt. Erinnern Sie sich nicht an ihre begriffsstutzige Praktikantin?«

»Die kleine Ronja!« George ergreift ihre Hand und schüttelt sie heftig. »Ja, das ist ... Ich weiß ... natürlich ...« Dr. Wiesholdt rettet ihre Hand und blickt sich zu ihren Kollegen um.

»Leider ist jetzt keine Zeit für ein Plauderstündchen. Rufen Sie mich doch mal an!« Sie zückt ihr Visitenkärtchen und gibt es George. »Würde mich freuen.« Sie lächelt auch Leander an, den George immer noch im Arm hält. »Und du bist?«

»Mein ... Das ist ... ja, mein Enkel ... ja, genau. Leander, von meiner Tochter ... von meiner Annika, genau«, stammelt George.

Leander bleibt fast auch das Herz stehen vor Schreck. Was faselt George denn da bloß! Die guckt jetzt auch so komisch, diese Notärztin! Schaut ihn, Leander, viel zu lange an. Prüfend. Pauls Großneffe bin ich offiziell, darauf haben wir uns doch geeinigt, George! Aber das denkt Leander bloß. Er ist ja nicht so dumm, vor dieser Dr. Wiesholdt eine Diskussion mit George darüber anzufangen, ob er sein Enkel ist oder nicht!

Die beiden Rettungssanitäter setzen sich mit John in Bewegung und Dr. Wiesholdt wendet sich abrupt ab, greift ihren riesigen Notfallkoffer und drückt George ein Info in die Hand.

»Dort können Sie sich nach dem Patienten erkundigen, Dr. Kaufmann, seine genauen Daten angeben usw. Sie kennen das ja. Tschüss!«

Sie hebt kurz die Hand und läuft nach draußen. John ist schon im Rettungswagen untergebracht und sie springt durch die geöffnete Hintertür zu ihm hinein.

George und Leander blicken dem Wagen nach, bis er nicht mehr zu sehen ist.

»Soll ich ein Taxi rufen und wir fahren hinterher, George?«, fragt Leander, aber George schüttelt den Kopf.

»Wir können da erst mal gar nichts tun. Nur dumm auf dem Flur rumsitzen.«

Als sie gerade wieder im Haus sind und unschlüssig im Wohnzimmer herumstehen, kommt Opa Paul von der Physiotherapeutin zurück und blickt fassungslos auf das Chaos aus umgestürztem Schlagzeug und herumliegenden Gitarren im Studiobereich und auf die Kissen auf dem Boden davor. Leander stürzt auf ihn zu und wirft sich ihm in die Arme. Paul jault auf, weil Leander dabei kräftig gegen sein lädiertes Knie stößt.

»Geht schon! Geht schon wieder«, beteuert er, als Leander sich entschuldigt. »Aber was zum Teufel ist hier los?«

Sie setzen sich alle drei an den Küchentisch und Leander übernimmt es, Opa Paul zu erzählen, was in der kurzen Zeit seiner Abwesenheit passiert ist. George sitzt stumm daneben und wirkt total erschöpft und wie abwesend. Leander sieht Opa Pauls Gesicht an, wie sehr ihn Johns erneuter Herzinfarkt erschüttert. Als er ihm aber erzählt, dass die Notärztin Praktikantin bei George war und George ihr Leander als seinen Enkel vorgestellt hat, spiegelt sein Gesicht Ratlosigkeit. Opa Paul versteht offenbar die Gefahr nicht, die George damit heraufbeschworen hat.

»Wenn die bei George Praktikantin war, dann weiß sie wahrscheinlich auch, dass George nur ein einziges Kind gehabt hat. Seine Tochter Annika. Und die ist schon mit dreizehn gestorben! Also kann er keinen Enkel haben!«, versucht er Opa Paul klarzumachen. »Und dann hat sie sich natürlich gefragt: Warum lügt der mich an? Die hat mich auch so angestarrt! Bestimmt hat sie mich erkannt! Mein Foto war doch eine Zeitlang überall in den Medien!«

Opa Paul findet Leanders Gedankengang weit hergeholt und seine Ängste übertrieben, fragt aber George, warum er denn Leander als seinen Enkel vorgestellt habe. Dazu habe doch überhaupt keine Notwendigkeit bestanden? Doch George antwortet nicht. Er fängt an zu weinen und schluchzt:

»Annika! Annika ist tot!«

»Ach, George!«

Opa Paul geht zu seinem alten Freund, setzt sich ihm gegenüber und streichelt seine Hand, während er ihn weiterweinen lässt, bis er erschöpft ist.

»Komm, ich bring dich auf dein Zimmer und dann ruhst du dich erst mal aus.«

Er führt George zum Fahrstuhl und sie fahren nach oben. Leander fühlt sich plötzlich so allein und verlassen, wie lange nicht mehr, seit er das Yellow Submarine geentert hat. Sind seine Ängste wirklich übertrieben, wie Opa Paul meint? Er hat ein sehr mulmiges Gefühl. Was ist, wenn diese Dr. Wiesholdt ihn wirklich erkannt hat und ihm die Polizei auf den Hals hetzt? Wie in einem Film sieht er sich selbst, wie er schreiend aus dem Haus geschleppt wird, sieht, wie sie ihn in ein Heim verfrachten, wo ihn falsch lächelnde Erzieherinnen willkommen heißen, nur um ihn gleich darauf in ein Zimmer einzusperren mit Gittern vor dem Fenster ... Er klopft sich mit beiden Fäusten an den Kopf, um den Horrorfilm auszuschalten, doch er schaltet nur das Programm um. Was ist, wenn John stirbt? Wenn Ringos Flieger abstürzt? Wenn George vollkommen plemplem wird? Wenn Opa Pauls Gelenke eins nach dem anderen den Geist aufgeben und er zum Pflegefall wird? Übertriebene Ängste? Oh nein! Er weiß doch, dass heute noch alles gut sein kann und morgen schon die Welt zusammenbricht. Er hat es doch erlebt!

Jetzt bricht auch Leander in Tränen aus. Und es ist niemand da, der ihn tröstet.

Jana

Boah! Ich bin total erledigt! Dabei habe ich an diesem Vormittag so gut wie gar nicht geputzt, sondern die meiste Zeit Kaffee und Tee gekocht, viel zu viel Tee getrunken und geredet, geredet, geredet. Zuerst mit George, der allein am großen Küchentisch saß, als ich hereinkam. Ich fragte ihn, wo denn Paul, John und Leander seien.
»Na, im UKE!«
Was wollten die denn alle drei in der Hamburger Uniklinik? Erst nach und nach konnte ich George aus der Nase ziehen, was gestern passiert war. Herzinfarkt! John auf der Intensivstation! Paul und Leander besuchten ihn gerade. Das hat mich ziemlich angefasst, aber meinen Schock konnte ich am besten überwinden, indem ich versuchte, George zu beruhigen. Der war durch sein Erzählen in eine Erinnerungsschleife geraten und wiederholte ständig:
»Und dann kippte plötzlich das Schlagzeug um!«
Ich animierte ihn mit *Und dann?*-Fragen, sich das Erlebte von der Seele zu reden, was den Vorteil hatte, dass ich so langsam auch ein Bild von dem Geschehen bekam. Von der Notärztin Dr. Wiesholdt hatte er allerdings noch nichts erzählt, als Paul und Leander aus dem Krankenhaus zurückkamen. Paul war dankbar für den Kaffee, den ich aufgebrüht hatte, und Leander versuchte ich mit Kakao aufzumuntern.
John liege noch auf der Intensivstation und das Gespräch mit der behandelnden Ärztin sei auch nicht wirklich beruhi-

gend gewesen, berichtete Paul, der auf mich in diesem Moment alt und grau wirkte, so gar nicht mehr wie der *Forever young*-Typ, als der er sich sonst gern präsentierte. Man müsse abwarten, wie die eingeleiteten Maßnahmen anschlügen, mehr könne sie nicht sagen. Aber nach dem ganzen Zirkus mit Kittel, Mundschutz, Haube, Hände desinfizieren usw. hätten Leander und er kurz mit John sprechen können und der habe sogar schon wieder rumgescherzt. Dass es ihn ausgerechnet in dem Moment erwischt habe, wo er lauthals gesungen habe *Boy, you're gonna carry that weight a long time*, wolle er nicht auf sich sitzen lassen. Er werde das Gewicht seines Lebens noch lange tragen. Sehr lange! Wer wette mit ihm um eine Schachtel Trüffel?

Wir lachten alle erleichtert, aber nicht nur bei mir selbst spürte ich die Angst, der Optimismus des notorischen Pessimisten John könnte sich als trügerisch erweisen. Ringo hatte angekündigt, er werde so schnell wie möglich aus Bangalore zurückkommen, doch es sei gar nicht so einfach, sein Ticket umzubuchen. Paul hatte nicht gezögert und noch gestern Abend Johns Kinder Richard und Michelle in Berkeley informiert, obwohl es dort drüben mitten in der Nacht gewesen sei.

Leander rührte mit gesenktem Kopf in seinem Kakao rum, ohne einen Schluck davon zu trinken. Als ich ihn fragte, ob ihm Johns Herzinfarkt denn so sehr an die Nieren gehe, antwortete er erstaunlich ehrlich:

»Ja, das macht mich ganz traurig, aber vor allem habe ich furchtbare Angst vor Dr. Wiesholdt!«

»Dr. Wiesholdt? Wer ist denn das?«

Leander erzählte es mir und schaute mich danach an, als könne ich ihm sagen, ob seine Angst berechtigt sei. Ich hielt

es für wenig wahrscheinlich, dass die Notärztin ihn tatsächlich erkannt hatte und an die Polizei verpfeifen würde, und das sagte ich ihm auch. Sein immer noch zweifelnder Blick, tat mir im Herzen weh (Echt jetzt! Keine Metapher!), aber immerhin trank er ein paar Schlucke von seinem Kakao und murmelte dann:
»Wahrscheinlich hast du recht, Jana. Ich bin eben so ein blöder Angsthase.«
Jetzt liege ich erschöpft auf meinem Klappsofa unter der schrägen Wand meiner Dichterinnenklause und mir schwirrt der Kopf. Eigentlich wollte ich heute den ganzen Nachmittag an meinem Manuskript arbeiten, aber wie soll ich mich jetzt darauf konzentrieren? Mir geht Johns Herzinfarkt ja auch an die Nieren, auch wenn er mich manchmal mit seiner Besserwisserei ganz schön ...
Moment!
Das ist es doch!
Ich springe auf und laufe die wenigen Schritte hin und her, die der begrenzte Raum meiner Dachkammer ermöglicht. Das ist doch der Hieb, mit dem ich den gordischen Knoten in meinem Manuskript durchtrennen kann!
Ich habe das Gewehr gefunden!
Ich reiße die lange Liste mit *Tschechows Gewehren* herunter, die ausgedruckt an der Pinnwand neben meinem Schreibtisch hängt, knülle sie zusammen und schmeiße sie mit Schwung in meinen analogen Papierkorb. Das Gewehr hing nicht an der Wand, es lag die ganze Zeit auf Johns Sideboard neben seinem Schreibtisch und ist von mir regelmäßig entstaubt worden! Das Gewehr ist ein Blutdruckmessgerät. Und der Schuss ist gefallen. Dieses profane Ding hat Johns Herzinfarkt doch überdeutlich angekündigt! Und der wird

in meiner Story den Stein ins Rollen bringen und zu einem regelrechten Showdown führen! Ja! Plötzlich sehe ich alles vor mir: Johns Sohn Richard wird aus den USA herüberkommen, um seinen Vater im Krankenhaus zu besuchen. Richard, ein junger Mann, na, sagen wir ein Mittdreißiger, in den sich meine Ich-Erzählerin verlieben wird! Denn das fehlt meinem Roman bisher doch: die Liebe! Das heißt, die Liebe fehlt natürlich nicht, aber die erotische Liebe. Und die ist ja doch das Salz in der Suppe, ohne das eine Suppe selbst aus den frischesten und vielfältigsten Zutaten irgendwie fade schmeckt. Leider ist in der Realität in meiner Suppe zurzeit kein Salz, nachdem sich die Wüste des Nichtverstehens zwischen mir und Mario stetig weiter ausgedehnt hat. Aber zwischen Richard und meiner Ich-Erzählerin wird es schon beim ersten Kennenlernen funken! Und ihre Liebesgeschichte bekommt vor dem Hintergrund von Johns Kampf um sein Leben, dessen Ausgang lange Zeit äußerst ungewiss bleiben wird, die nötige existenzielle Tiefe. Richards langsame Wiederannäherung an seinen Vater, dem er die Trennung von der Familie nicht verzeihen kann, gibt mir die Gelegenheit, Johns Vergangenheit näher zu beleuchten, darunter auch seine heftige, aber nur kurz währende Liebe zu Miranda, der geheimnisvollen Frau, die ihm die Widmung in *The Second Sex* von Simone de Beauvoir geschrieben hat. Das Beste an Johns Herzinfarkt (rein literarisch gesehen, natürlich!) ist aber, dass durch ihn der Hauptstrang meiner Story um Leanders Schicksal endlich so zuspitzt wird, dass ich wieder so richtig Spannung aufbauen kann. In meinem Roman wird Leanders Alptraum Wirklichkeit werden! Die Notärztin Dr. Wiesholdt hat in Leander tatsächlich den Jungen erkannt, der seit Monaten vermisst wird, und meldet der

Polizei seinen Aufenthaltsort. Eine Denunziation mit tragischen Folgen? Welchen?

Ich klappe meinen Laptop auf, rufe die Datei *brainstorming.doc* auf und phantasiere erst mal hemmungslos drauf los:

Resolute Frau des Jugendamtes taucht im Yellow Submarine auf, flankiert von zwei Polizisten. Leanders Unterstützerschar ziemlich angeschlagen und dezimiert: John verkabelt an intensivmedizinischen Geräten, George in wirren Gedankengängen verloren, Ringo weit weg in Indien. Paul? Wild entschlossen, um Leander zu kämpfen, aber in der Stunde der Wahrheit ohne den Rückhalt durch die anderen Beatles erstaunlich hilflos. Versucht der Jugendamtstussi alles zu erklären. Die verweist ihn auf das Vormundschaftsgericht. Bei dem könne er ja seine Argumente vorbringen. Polizisten greifen sich Leander, die Tussi redet von Inobhutnahme. Leander bringt durch Schreien, Kratzen und Beißen der Polizisten zum Ausdruck, was er davon hält, doch das nützt alles nichts. Paul steht allein und verzweifelt im Wohnzimmer. Seine bittere Erkenntnis: Das Yellow Submarine ist eben doch nur eine gelbe Villa aus Stein und kann nicht einfach abtauchen wie ein U-Boot. Was kann Paul jetzt tun? Er tut, was er in seinem Leben immer in schwierigen Situationen getan hat: Er greift sich erst mal seine Gitarre und verwandelt seine Gefühle in Musik. Welche Musik?

Ich höre mich auf Spotify durch das Beatles-Repertoire und finde schon nach kurzer Zeit den passenden Song für Pauls Gefühle, den *Yer-Blues*. Ich rufe den Songtext auf und kopiere ihn in meine Datei *brainstorming.doc*. Jetzt muss ich nur noch aus dem *girl*, dem John Lennon seinen Blues verdankte, den *boy* machen, der Pauls Seele die schwarzen Schatten beschert:

Yes I'm lonely / wanna die
Yes I'm lonely / wanna die
...
Feel so suicidal
Even hate my rock 'n' roll
Wanna die / yeah wanna die
If I ain't dead already
Ooh boy you know the reason why

Even hate my rock 'n' roll. Ja, genial! Die Zeile passt. Wenn jemand wie Paul sogar seinen geliebten Rock 'n' Roll hasst, kapiert jeder, der das liest, wie dreckig es Paul geht. Ich höre mir den Song gleich noch einmal an, um Pauls Feeling noch ein bisschen näherzukommen.

Das hätte ich nicht tun sollen! Dieser elende *Yer-Blues* versetzt prompt auch mich in eine düstere Stimmung. Verdammt, das war nicht der Sinn der Sache! Aber irgendwas Bluesiges steigt in mir auf, das ich jetzt gar nicht gebrauchen kann. Eine dynamische, aktive Stimmung ist angesagt, sonst kann ich doch nicht schreiben. Also reiß dich zusammen, Jana! Mal dir aus, was Paul tun wird! Seine Gitarre aufjaulen zu lassen und sich dem Blues hinzugeben, kann ja nicht alles sein!

Angestrengt versuche ich, mich weiter in Paul und was er jetzt tun wird hineinzudenken. Aber es hilft nichts. Ich bin raus aus der Story. Stattdessen denke ich wieder an Mario. Das ist aber nun wirklich zu blöd! Den Kerl habe ich doch endgültig aus meinen Gedanken verbannt. Das ist doch nur noch nervig mit dem! Wie der über *Toni Erdmann* abgelästert hat! So unsensibel! Aber am Anfang war es schon schön ... Stopp, Jana! Du denkst jetzt nicht mehr an diesen blöden Supermario!, befiehlt mir mein vernünftiges Ich. Konzentrier dich: Wie geht deine Story weiter? Wird Paul seinen guten Willen doch noch in sinnvolle Taten zu Leanders Rettung umsetzen? Oder wird nicht eher Ringo mit seiner pragmatischen Art helfen können? Aber wird er es überhaupt schaffen, vorzeitig aus Indien zurückzukehren? Und was ist mir George? Wird George zum zusätzlichen Problem oder wird er durch seine manchmal seltsamen Gedankengänge eine unkonventionelle Lösung finden? Und John? Wird John überleben?

John muss überleben! Jedenfalls in meinem Manuskript. Da hab ich als Autorin schließlich ein Wörtchen mitzureden. Aber in Wirklichkeit? Bullshit! Wenn nicht? Das wäre ...

Und schon hat mich der Blues wieder am Wickel. Es ist sinnlos. Ich klappe meinen Laptop zu und strecke mich auf meinem Klappsofa aus. *Yes I'm lonely / wanna die.* Mir fallen die Augen zu. Aber im letzten halbwachen Moment weiß ich plötzlich: Keiner von den Beatles wird Leander retten. Johns Sohn Richard und ich werden das Heft des Handelns in die Hand nehmen! *Ich* denke ich und nicht *meine Ich-Erzählerin*. Richard und ich werden Leander aus den Klauen der Behörde befreien. Und das wird der Beginn einer wunderbaren Liebe sein.

Mit dem Gedanken gleite ich bluesfrei in den Schlaf.

Leander

Heute hat Leander das Frühstück zubereitet. Er hat Kaffee, Tee und Kakao gekocht und den Tisch gedeckt. Noch einmal überprüft er, ob er wirklich an alles gedacht hat: Haferflocken, Sanddornsirup, Joghurt und Äpfel für John, ein Roggenbrötchen und ein Sesambrötchen, dazu Schinken und Käse für George, ein Franzbrötchen und ein Buttercroissant für Ringo und für Paul hat er sogar höchst selbst Rührei mit durchwachsenem Speck gebraten. Zugegeben, es ist ein bisschen arg braun geworden, aber beim ersten Mal kann eben nicht alles perfekt klappen. Jetzt nur noch die Cornflakes und die Milch für ihn selbst!

Leander läutet die alte Schiffsglocke, die Ringo nach seiner Rückkehr aus Indien aus dem Erbe seines Vaters hervorgekramt, auf Hochglanz poliert und in der Küche aufgehängt hat. Als sich nichts rührt, läutet Leander nochmal kräftig und lange. Doch da haben sich die vier alten Kapitäne des Yellow Submarines schon längst auf den Weg in die Küche gemacht. Es braucht eben alles seine Zeit. Zuerst kommen Ringo und John heruntergefahren, danach humpelt Paul aus dem Fahrstuhl und George schlurft hinterher.

»Voilà, das Breakfast est servé!«, präsentiert Leander stolz sein Werk.

»Was redest du da? Soll das Französisch, Englisch oder Deutsch sein?«, gibt Ringo den Sprachreinheitsfanatiker, doch sein spöttisches Grinsen verrät ihn.

»Europäisch«, kontert Leander. »Setz you down, Messieurs, please!«

»Der Schiffsjunge wird mir zu frech«, stellt Opa Paul fest, während er seine Gehhilfe über die Lehne des Stuhls hängt und sich mit ausgestrecktem rechtem Bein hinsetzt. »Wird Zeit, dass wir ihn mal kielholen.«

»Toll, dass ihr euch über mein Frühstück freut«, bedankt sich Leander und schenkt Tee und Kaffee aus, als alle am Tisch sitzen. Er fühlt sich sauwohl. Endlich ist die Mannschaft wieder vollzählig an Bord!

Nur eine Woche, nachdem Ringo aus Indien zurückgekommen ist, stand John gestern in der Tür. Er hatte sich gegen den Rat seiner Ärzte selbst entlassen, wollte auch von einer Reha nichts wissen. Er sei der Hochleistungsmedizin des Herzzentrums zutiefst dankbar, beschied er allen, die ihn umstimmen wollten, aber die hätten jetzt ihr Pulver verschossen. Sich schonen, den Blutdruck kontrollieren und seine Medikamente schlucken könne er auch zu Hause. Und noch einen Einführungskurs über herzgesunde Ernährung brauche er wahrlich nicht. Das Yellow Submarine sei für ihn das bestmögliche Rehazentrum, basta!

John mischt sich sein Müsli, George belegt sein Sesambrötchen mit Käse, Ringo schmiert Butter auf sein Croissant, Leander verzichtet unter Johns kritischem Blick auf Zucker zu den Cornflakes und Opa Paul isst klaglos das halbverbrannte Rührei.

»Wann hast du denn nun endlich den MRT-Termin für dein Knie?«, will John von Opa Paul wissen, doch der winkt nur ab.

»In fünf Wochen!«

Leander streckt beide Fäuste hoch und zeigt Opa Paul seine gedrückten Daumen. Obwohl Opa Paul seine Hüftoperation damals ohne große Komplikationen überstanden hat, beschert ihm jetzt die wohl doch unvermeidliche Knie-OP schlaflose Nächte, hat er Leander erst gestern gebeichtet. Ihm sei einfach alles, was mit Krankenhaus und Operationen zu tun habe, ein absoluter Gräuel. Selbst John im Krankenhaus zu besuchen habe ihn Überwindung gekostet. Wie das da schon rieche! Und all das hinter Sterilität und hektischer Betriebsamkeit verborgene Leid!

Leander kann Opa Paul gut verstehen. Und er kann auch verstehen, dass John aus dem Krankenhaus wegwollte. Was er nicht verstehen kann, ist, dass zwar Ringo seinen Indien-Trip abgebrochen hat, um seinen Freund an diesem wenig angenehmen, aber doch lebensrettenden Ort zu besuchen, Johns Kinder Richard und Michelle sich aber mit Telefonanrufen begnügten.

»Kein Problem«, hat John abgewiegelt. »Für das Wenige, was sie mir zu sagen hatten, war ein Anruf noch zu viel.«

Leander wird das nie begreifen. Er hätte seinen Papa nicht im Stich gelassen. Und er würde alles dafür geben, wenn er Mama und Papa jetzt in einem Krankenhaus besuchen könnte!

Als Jana zum Putzen kommt, ist das Frühstück halb verzehrt und die Runde am Tisch in bester Laune. Ringo hat gerade lautes Gelächter für den letzten Trump-Witz geerntet. Gegen diese Witze hat niemand etwas einzuwenden, konstatiert Leander, im Gegensatz zu den Blondinenwitzen, mit denen er damals versucht hat, die Beatles für sich einzunehmen. Offenbar befürchtet nicht mal John, dieser Trump könnte diskriminiert werden. Auch Jana, die nach dem Grund für die Fröhlichkeit fragt, lacht unbeschwert, als Ringo den Witz noch einmal erzählt. Gleich sieht sie auch nicht mehr so blass und übernächtigt aus, findet Leander. Mal sehen, ob sie nach ihrer Putzerei noch ein bisschen Zeit für ihn hat. Ihm tun die Gespräche mit ihr richtig gut. Sie kann gut zuhören und will auch immer alles ganz genau wissen. Sie interessiert sich eben echt für ihn.

»Ich hab heute das Frühstück gemacht!«, lässt er sie wissen. »Und ich räum nachher auch den Tisch ab!«

Jana zwinkert ihm zu:

»Dann wirst du bestimmt bald zum fünften Beatle ernannt.«

Noch als Jana schon lange im ersten Stock verschwunden ist, wirkt ihre Bemerkung nach. Auf Leanders unschuldige Frage: »Gab's wirklich mal einen fünften Beatle?«, entbrennt ein erbitterter Streit zwischen John und Ringo darüber, wem dieser von den Medien inflationär vergebene Ehrentitel zustehe. John plädiert für Stuart Sutcliffe, den Bassisten aus den Jahren 1961/62, Ringo ficht für Pete Best, den Schlagzeuger vor Ringo Starr. Leander will so genau gar nicht in die Feinheiten der Beatles-Historie eintauchen, aber er freut sich über den heftigen Schlagabtausch zwischen John und Ringo. Wenn John sich schon wieder so ereifern kann, geht es ihm wohl wirklich besser!

»Yoko Ono war der fünfte Beatle!«, wirft Opa Paul gerade in die Debatte, als es an der Haustür klingelt. John steht auf, um zu öffnen, doch Ringo hält ihn zurück:

»Du bleibst schön sitzen. Du bist noch krankgeschrieben.«

Er rollt in den Flur und kommt mit einer Frau zurück.

Leander bleibt die Luft weg.

Nein!

Sein schlimmster Alptraum wird wahr. Da steht sie leibhaftig: Dr. Wiesholdt!

Er schnappt nach Luft, springt auf, der Stuhl kippt um, er rennt die Treppe hoch. Wohin? Sich verstecken. In seinem Zimmer? Quatsch, da finden sie ihn gleich. Raus! Er muss raus! Bevor die Polizei kommt. Aber vielleicht haben sie schon das Haus umstellt?

Plötzlich steht Jana mit einer Klobürste in der Hand vor ihm:

»Leander, was ist los?«

»Dr. Wiesholdt«, flüstert er und zeigt nach unten.

Jana begreift offenbar sofort. Sie zieht ihn ins Badezimmer und schließt leise die Tür, klappt den Klodeckel runter und schiebt ihn sanft in die Richtung, so dass er sich automatisch daraufsinken lässt. Nachdem sie die Klobürste in ihren Halter gehängt hat, setzt sie sich auf den Rand der Badewanne und nimmt seine Hand in ihre:

»Allein? Oder in Polizeibegleitung?«

»Die warten bestimmt draußen!«

Jana denkt einen Augenblick nach. Sie legt den Zeigefinger auf ihre Lippen, öffnet leise die Tür und schleicht in den Flur. Leander sieht, wie sie sich ein wenig über das Treppengeländer beugt. Nach kurzer Zeit kommt sie zurück und berichtet:

»Die sitzt am Tisch und redet mit den Beatles. Hör zu, Leander! Ich fahre mit dem Fahrstuhl nach unten direkt in die Tiefgarage, gehe nach draußen und sehe mich genau um. Wenn sich dort irgendwelche Polizisten rumtreiben, schicke ich dir eine SMS, okay? Du bleibst erst mal hier im Bad. Ich finde einen Weg, um dich rauszuschmuggeln.«

Leander fasst in seiner Jeanstasche nach dem Smartphone, das George ihm überlassen hat.

»Und wenn die Luft draußen rein ist, dann haue ich sofort ab!«

»Nein, Leander. Dann gibt es gar keinen Grund abzuhauen. Allein kann diese Notärztin dir gar nichts! Du bleibst hier. Versprich mir das! Ich werde mich dann unten mit an den Küchentisch setzen und rauskriegen, was sie hier überhaupt will. Ich bin deine Kundschafterin, okay? Vielleicht will sie ja einfach nur ihren alten Mentor besuchen, den guten alten George?«

Leander verspricht, in seinem Versteck zu bleiben, aber ihm ist gar nicht wohl dabei. Jana schließt leise die Badezimmertür hinter sich, als sie ihn verlässt, aber der alte Fahrstuhl rumpelt ja entsetzlich laut! Er horcht, er wartet, er fühlt sich wie ein Kanninchen in seinem Bau, vor dem der Fuchs wartet. Endlich vibriert sein Smartphone.

Entwarnung! Kein Polizist nirgends. Bleib! Ich geh jetzt rein!
Deine Spionin ;-)

Leander atmet auf, überlegt aber trotz seines Versprechens, ob er nicht doch die Gelegenheit nutzen sollte, um wie Jana mit dem Fahrstuhl via Tiefgarage zu entkommen. Er öffnet vorsichtig die Tür und bleibt stehen. Aus der Küche hört er die Stimmen der Beatles und die Stimme der Notärztin und ... ja, auch Janas Stimme. Sie hat sich also wie versprochen mit an den Tisch gesetzt. Leander bewegt sich mit vorsichtigen Schritten zum Geländer und hockt sich dahinter. So kann man ihn von unten nicht sehen, aber er kann sie alle belauschen.

Opa Paul lacht. Er lacht? Leander ist verwirrt. Opa Paul würde doch nicht lachen, wenn diese Dr. Wiesholdt ihm Leander wegnehmen wollte. Nein, bestimmt nicht!

»Und dann sagt der kleine Kerl einfach: Sie sind mein

Großvater. Ich will hier wohnen!« Opa Paul lacht schon wieder. »Können Sie sich vorstellen, wie mich das aus den Puschen gehauen hat?«

Jetzt hört Leander auch die Notärztin lachen. Was ist daran bloß so lustig?

»Ja, Kinder in dem Alter sind schon eine besondere Kategorie Mensch«, sagt die und erzählt, der dreizehnjährige Sohn ihrer besten Freundin sei vor Jahren von zu Hause weggelaufen und sie habe die Qualen ihrer Freundin miterleben müssen, bis der Ausreißer durch einen Hinweis aus der Bevölkerung aufgefunden und zu seiner Mutter zurückgebracht worden sei. Das sei ja auch der Grund dafür, dass sie so aufmerksam hinschaue, wenn wieder ein Kind vermisst werde. Als sie bei ihrem Einsatz hier Leander gesehen habe, habe sie sich an den vermissten Jungen aus Glückstadt erinnert, habe sich aber nicht wirklich vorstellen können, dass er es tatsächlich sein könne, nachdem Dr. Kaufmann ihn ihr als seinen Enkel vorgestellt habe.

»George«, unterbricht George sie. »Sag George zu mir, Ronja.«

»Okay!«

»Und ich bin John. Das ist Ringo. Und das Paul.«

»Äh?«

Oh nein, jetzt fangen sie da unten an, seiner Verfolgerin ihre ganze Geschichte zu erzählen, von den Beating Boys zu den Beatles und endlos so weiter. Leander tun langsam die abgeknickten Beine weh. Ganz schön unbequem in der Hocke! Er lässt sich vorsichtig auf den Hintern fallen, streckt die Beine und schließlich lauscht er liegend weiter. Zum Glück lenkt Jana das Gespräch mit einer konkreten Frage an Ronja Wiesholdt wieder auf das eigentliche Thema zurück:

»Wussten Sie nicht, dass George gar keinen Enkel haben kann, weil seine Tochter ...«

»Doch, doch, natürlich. Ich hab mir halt gedacht, er hätte ihn quasi als Enkel adoptiert. Das machen ja manchmal alleinstehende alte Leute. Eine Art Nennenkel, sozusagen. Ich konnte mir nicht vorstellen, warum Dr. Kaufmann, pardon, George, mich anlügen sollte, und habe einfach versucht, nicht weiter über die Sache mit dem Ausreißer aus Glückstadt nachzudenken. Aber irgendwie hat es in mir weitergerumort! Als meine Freundin mir vorgestern ein Foto geschickt hat, auf dem sie Arm in Arm mit ihrem Sohn nach dem Abiball posiert, hatte ich urplötzlich das Gefühl, ich müsste der Sache doch auf den Grund gehen. Und hier bin ich!«

Eine Zeitlang herrscht Schweigen, bis Ringo sagt:

»Tja, so ein tolles Happy End wie zwischen Ihrer Freundin und ihrem Sohn wird es für unseren Leander leider nicht geben können, da seine Eltern tot sind.«

»Das hab ich in der Suchmeldung gelesen. Wie kam denn das?«

Nein, bitte nicht!

Aber Ringo erzählt ihr ausführlich von Leanders Schicksal. Leander hält sich die Ohren zu. Er will jetzt nicht erinnert werden! Aber dann siegt doch seine Neugier. Was erzählt Ringo alles über ihn? *Der Lauscher an der Wand hört seine eigene Schand.* Dieser Spruch von Oma Moni fällt ihm ein. Aber nein! Das Kind, das Ringo schildert, ist ein so liebenswertes Exemplar, dass diese Dr. Wiesholdt bestimmt gleich sagen wird: Ja, ich sehe es ein, dieser Junge darf nicht seinen verrückten Glückstädter Großeltern ausgeliefert werden, ich melde ihn nicht der Polizei, er bleibt hier. Und tschüss!

Doch das sagt sie nicht. Stattdessen bewegt sich das Gespräch immer weiter weg von Leander, wird ein zielloses Palaver. Worin der Unterschied zwischen Kirchen und Sekten bestehe, diskutieren sie. Ob die Jugendämter nicht heillos überlastet seien, fragen sie sich. Einig sind sie sich, dass es eine verdammt schwierige Entscheidung sei, ein Kind aus einer überforderten Familie herauszunehmen oder nicht. Irgendwann sind sie bei Georges Vergesslichkeit angekommen und Dr. Wiesholdt rät, doch einmal Kontakt zur Gedächtnissprechstunde am UKE aufzunehmen. Leander hört noch, wie George protestiert:
»Also dement bin ich ja nun noch nicht!«.
Dann wird Leander von seiner Erschöpfung überwältigt und schläft ein.
Plötzlich rüttelt jemand an seinem Arm. Als er die Augen aufschlägt, sieht er in Janas lächelndes Gesicht.
»Aufwachen, Leander! Komm runter. Ronja möchte dich kennenlernen.«
»Ronja?«
Leander ist noch so schlaftrunken, dass Jana ihn erst erinnern muss:
»Ronja Wiesholdt! Die Notärztin!«
Schlagartig ist Leander hellwach und auf der Hut. Kennenlernen? Warum? Er setzt sich auf. Die soll einfach abhauen und Ruhe geben!
»Warum will sie mich kennenlernen?«
»Weil sie von dir selbst hören möchte, was du willst. Und sie möchte dir helfen. Sie bietet sich als Vermittlerin an, will mit dem Jugendamt verhandeln, dass du ganz offiziell hierbleiben darfst.«
Leander schaut in Janas Augen, die voller Zuversicht sind.

Er bleibt misstrauisch.

»Aber sie darf nicht verraten, wo ich stecke!«

»Lass uns das alles in Ruhe mit ihr besprechen. Komm, Leander, komm mit runter!«

Leander richtet sich langsam auf. Er blickt über das Geländer – direkt in die Augen der Frau, die ihn in seinen Alpträumen verfolgt hat.

Jana

Jetzt aber Schluss für heute!

Erst als ich mich zum dritten Mal energisch ermahnt habe, aus meinem Schreibfluss keinen Wasserfall werden zu lassen, der mich nur in die Tiefe reißt und hart aufschlagen lässt, schließe ich um drei Uhr morgens meine Datei *roman.docx* und klappe den Laptop zu. Aus bitterer Erfahrung weiß ich, dass ich alles, was ich jetzt noch zustande bringe, beim nächsten Durchlesen wieder streichen werde, auch wenn es mir in meinem Schreibrausch jetzt noch so gelungen erscheint. Morgen ist auch noch ein Tag, sage ich mir. Ja, wenn die Welt nicht vorher untergeht.

Ich gieße den Rest bitter gewordenen Assam-Tee in den Ausguss meiner Minispüle und liege kurz darauf schlafbereit auf meinem Klappsofa unter meiner Kuscheldecke. Nur leider ist der Schlaf nicht bereit, zu mir zu kommen. Meine Gedanken kreisen noch unaufhörlich um mein Manuskript. Wie soll es weitergehen?

Die Wirklichkeit taugt leider immer weniger zur Vorlage für meinen Roman. Natürlich freue ich mich für Leander und die Beatles, dass sich die vermeintliche Verfolgerin Dr. Wiesholdt als absoluter Glücksfall für sie herausgestellt hat. Ronja ist eine toughe Frau! Ich mag sie, echt! Aber in meinem Manuskript soll keine toughe Frau, sondern der ebenso sensible wie gewiefte Richard auftauchen, damit die verdammte Liebesgeschichte mit meiner Ich-Erzählerin endlich in Gang kommt. Und deren gemeinsamer Kampf für Leander erfordert, dass für Leander überhaupt noch gekämpft werden muss! Also kann er nicht mit Wissen und Unterstützung (!) der Behörden im Yellow Submarine hausen und seiner Einschulung in die Ida-Ehre-Schule entgegensehen, das ist ja wohl klar!

Ich bin immer noch baff, wie schnell und problemlos es Ronja gelungen ist, diese Lösung herbeizuführen. Unglaublich! Sie sagt zwar, dass auch viele glückliche Umstände ihr in die Hände gespielt haben, aber das allein ist es nicht. Natürlich war der schwere Schlaganfall von Leanders Glückstädter Großvater ein äußerst glücklicher Umstand. Na ja, für ihn natürlich nicht. Aber für Ronja war es so viel leichter, die mit diesem plötzlichen Pflegefall heillos überforderte Großmutter davon zu überzeugen, ihren Sorgerechtsantrag zugunsten von Paul zurückzuziehen. Es war leichter, aber nicht leicht. Ich bin überzeugt, dass Ronja ihren eigenen Anteil viel zu sehr runterspielt. Ohne ihre Einfühlsamkeit und ihr Verhandlungsgeschick hätte es keinen so schnellen Erfolg gegeben. Sie findet einfach einen Draht zu den Menschen, auch zu Behördenmitarbeitern, bei denen es sich ja in unserem noch nicht voll digitalisierten Zeitalter zum Glück auch noch um Menschen handelt. Es dürfte wesentlich schwerer sein, einen Sachbearbeitungsalgorithmus um den kleinen Finger zu wickeln! Ronja hat sich jedenfalls sogar mit Frau Sarau verständigen können, die beim Glückstädter Jugendamt für Leander zuständig war. Nach Leanders Schilderungen habe sie sich eine zweite Frau Mahlzahn vorgestellt, hat Ronja mir lachend erzählt, diese schreckenerregende Drachenlehrerin aus *Jim Knopf*. Aber Frau Sarau, die kurz vor der Pensionierung stehe, sei zwar durchaus ein bisschen verschroben und ihre Vorstellung vom Wohl des

Kindes erinnere eher an die 50er Jahre als an die heutige Lebenswirklichkeit, aber auch sie habe es letztlich immer gut mit Leander gemeint. Tja, gut gemeint ist nicht immer gut, wie meine alte Deutschlehrerin zu sagen pflegte. Die Sozialarbeiterin vom Eimsbütteler Jugendamt, die nach Pauls Sorgerechtsantrag jetzt für Leander zuständig ist, meint es zum Glück nicht nur gut. Sie ist für Leander und die Beatles eine echte Hilfe. »We all love her!«, hat Ringo neulich sogar gesagt. Sie ist eine aufgeschlossene junge Frau, die schon nach dem ersten Hausbesuch und langen Gesprächen mit Leander, den Beatles und sogar mit mir (!) regelrecht begeistert davon war, dass Leander im Yellow Submarine sein neues Zuhause gefunden hat. Die Art, wie er das bewerkstelligt habe, das müsse sie natürlich offiziell aufs Schärfste verurteilen, sagte sie mit einem Augenzwinkern. Aber sie werde alles dafür tun, dass Pauls Sorgerechtsantrag schnell bewilligt werde. Bis dahin könne Leander als Pflegekind bei Paul leben und der werde dafür sogar noch Pflegegeld bekommen.

Also: Friede, Freude Eierkuchen! Und ich bin unendlich froh für Leander und froh für die Beatles. Aber jetzt will ich auch mein Stück vom Glückskuchen abhaben! Und dazu muss ich endlich dieses vermaledeite Manuskript fertig schreiben. In dem kann ich natürlich nicht mit einer so einfachen Lösung daherkommen. Ich werde Leander in eine Jugend-WG stecken und dann lasse ich Richard und meine Ich-Erzählerin ...

Plötzlich schrecke ich hoch. Es ist schon taghell! Ein Blick auf mein Smartphone verrät mir: 9.11.2016, 09:38 Uhr. Verdammt! So spät bin ja noch nie aufgewacht. Ich sollte schon seit 38 Minuten bei den Beatles sein! Ach, egal! Was Pünktlichkeit angeht, sind die Beatles zum Glück noch immer achtundsechzigermäßig drauf. Das ist für sie nur eine Sekundärtugend und die sollte man nicht so verbissen sehen. Dem Dreck im Yellow Submarine macht es sicherlich auch nichts aus, noch ein Weilchen auf seine Eliminierung zu warten. Also, in Ruhe duschen und frühstücken.

Auf dem Weg zum Yellow Submarine denke ich noch einmal kurz über den Fortgang meines Manuskriptes nach, aber auf die Schnelle fällt mir natürlich erst recht nichts ein, was sowohl spannend als auch plausibel ist. Das wird noch eine Plackerei!

Als ich ankomme, sitzen die Beatles und Leander um den Küchentisch versammelt, obwohl sie ihr Frühstück offenbar schon lange beendet haben. Ich hänge meine Jacke in die Garderobe und höre Johns erregte Stimme. Es fallen die Namen Trump und Clinton.

Ach ja! Heute Nacht war ja die Präsidentschaftswahl in den USA. Bestimmt hat zumindest John sich die halbe Nacht um die Ohren geschlagen, um die Wahlresultate aus den wichtigen *Swingstates* live zu verfolgen! Und ich war mal wieder so in meine fiktive Welt vertieft, dass ich von all dem nichts mitgekriegt habe. Das darf ich ihm nicht erzählen, dann kriegt meine ganze Generation wieder was aufs Haupt von wegen unpolitisch, ignorant und abgetaucht in die Virtual Reality. Aber ich bin sicher, ich habe meine Nacht sinnvoller verbracht als er. Er hätte ruhig schlafen können, während die Amis Clinton zur ersten Präsidentin der USA wählen. Nach den letzten Umfragen war ja eh schon klar, dass Trump es nicht schaffen wird. Dass der überhaupt nur in die Nähe des Präsidentenstuhls kommen konnte, ist ja schon unfassbar genug. Was wären all die Probleme von Leander, von John, von Paul, von George, von Ringo und auch von meiner Wenigkeit gegenüber der Katastrophe eines Donald Trump als US-Präsidenten! Peanuts! Lächerlich! Dann könnte ich es mir wirklich sparen, einen Roman über die unbedeutende Reise dieser unbedeutenden Menschen im Yellow Submarine zu schreiben. Apokalypse now, wäre dann wohl das angesagte Thema! Aber zum Glück ist die Wirklichkeit denn doch noch nicht ganz so desolat! Sonst müsste ich mich womöglich auch noch *engagieren* (Johns Lieblingswort!) und den Kampf gegen die vielen Windmühlen aufnehmen, deren Flügel in letzter Zeit vom Pesthauch der Vergangenheit angetrieben werden.

»Moin!«, grüße ich wie immer beim Betreten der Küche »Hab verschlafen.«

»Das war ja aber auch eine anstrengende Nacht!« John lächelt mich verständnisvoll an.

»Oh ja«, bestätigt Ringo und reibt sich die Augen.

Ich schüttele den Kopf:

»Habt ihr euch etwa alle die Nacht um die Ohren geschlagen?«

»Alle! Ich auch«, verkündet Leander stolz. »Das heißt, George hat die meiste Zeit in seinem Sessel geschnarcht.«

»Das stimmt nicht!«, protestiert George. »Ich hab alles mitgekriegt.«

»Aha. Und wie heißt jetzt der neue Präsident?«

»Donald ... Donald ...« George schaut sich fragend um, doch Ringo legt seine Hand auf Leanders Arm.

»Nicht, Leander! Führ George nicht so aufs Glatteis.«

Leander entschuldigt sich sofort und ändert seine Frage an George ab: »Wie heißt die Präsidentin der USA, George?«

George strahlt: »Genau wie ihr Mann: Clinton. Der hieß Bill Clinton.«

»Genau, George. Hilary Clinton. Auch wenn's verdammt knapp war!«

»Das hätte auch schief gehen können«, sinniert Ringo.

Alle nicken einträchtig und gucken ernst. Wahrscheinlich malen sie sich aus, was wäre, wenn Trump die Wahl gewonnen hätte. Dann würde eine neue Ära beginnen und sie selbst und all ihre schönen 68er-Ideale würden endgültig auf dem Müllhaufen der Geschichte landen, das ahnen sie wohl. Demokratie, Menschenrechte, Gewaltenteilung, Emanzipation, soziale Gerechtigkeit, Umweltschutz ... Pusteblume, gone with the wind of change. Vielleicht würde irgendwann ein weiser Autor wie Stefan Zweig ein melancholisches Buch darüber schreiben mit dem Titel *Ein Zeitalter wird besichtigt*.

»Es ist ja nochmal gut gegangen«, muntere ich sie auf. »Und das habt sicher ihr bewirkt durch euer Engagement vor der Glotze!«

Da die *Welt, wie wir sie kennen* nun doch nicht untergeht, wird es höchste Zeit, dass ich mich zu Staubtuch und Staubsauger begebe. Egal ob die Welt der Beatles, meine Welt, Leanders Welt, Trumps oder Clintons Welt – am Ende zerfallen alle Welten zu Staub, denke ich, reiße mich aber gleich darauf zusammen. Bloß nicht ins Philosophieren geraten! Auf zu meiner Sisyphusarbeit in die Gemächer der Beatles!

Am oberen Ende der Wendeltreppe angekommen, blitzt in mir die Idee auf, meinen Roman mit einem Wahlsieg Donald Trumps enden zu lassen. Nach *Tschechows Gewehr* müsste ich dann nicht lange suchen. Das drohende Unheil ist ja schon als Episode der Simpsons über den Bildschirm geflimmert. Vom Dramaturgischen passt es also.

Aber nein, es soll ja kein Gruselroman werden.

Musikzitate

A Hard Days Night
John Lennon/Paul McCartney, 10.06.1964
Seite 10

Yellow Submarine
John Lennon/Paul McCartney, 13.01.1969
Seiten 20, 62

All you need is love
John Lennon/Paul McCartney, 30.06.1967
Seite 20

You Can't Always Get What You Want
Mick Jagger/Keith Richards, 04.07.1969
Seite 20

When I'm Sixty-Four
John Lennon/Paul McCartney, 01.06.1967
Seite 63

St. Pauli
Jan Delay (Jan Eißfeldt), 28.03.2014
Seite 65

Help!
John Lennon/Paul McCartney, 06.08.1965
Seite 72

Back in the U.S.S.R.
John Lennon/Paul McCartney, 22.11.1968
Seite 98

Yesterday
John Lennon/Paul McCartney, 13.09.1965
Seite 106

Golden Slumbers
John Lennon/Paul McCartney, 26.09.1969
Seite 120

With A Little Help From My Friends
John Lennon/Paul McCartney, 01.06.1967
Seite 121

Within You, Without You
George Harrison, 01.06.1967
Seite 130

Carry That Weight
John Lennon/Paul McCartney, 26.09.1969
Seite 133

Yer Blues
John Lennon/Paul McCartney, 22.11.1968
Seite 144

Auch gelingende Liebe ist nie frei von Schmerz.

Paperback, 192 Seiten
ISBN 978-3-94086-13-0

Birgit Rabisch
Die vier Liebeszeiten
Roman

BRD 1970 – Zeit der Umbrüche, Zeit der Aufbrüche. Der Wind eines politischen Frühlings weht durchs Land und auch die Liebe zwischen Rena und Hauke blüht im Mai dieses Jahres auf. Der Frühling ist aber nie die einzige Jahreszeit der Liebe …
Wie beiläufig zeichnet Birgit Rabisch in ihrer Hommage an die norddeutsche Landschaft und das Wattenmeer ein Porträt der Generation 68 jenseits gängiger politischer Klischees.

Die Liebe, aber die Liebe – Sie wissen schon. Das gibt angesichts des Todes keinen Trost, aber zumindest einen schönen Roman.
Jürgen Tomm, 2. Vorsitzender Buchhändlerkeller Berlin

www.duotincta.de

*Mutter und Tochter: eine oft **konfliktreiche Beziehung!***

Paperback, 206 Seiten
ISBN 978-3-94086-22-2

Die Beziehung zwischen Lena und Ariane ist geprägt von der Unfähigkeit, sich in die Welt der anderen einzufühlen. Vieles bleibt unausgesprochen, beide lügen sich an und fühlen sich missverstanden im Labyrinth der gegenseitigen Täuschungen. Die Mutter Lena, eine ehemalige feministische Bestsellerautorin, lebt vereinsamt in ihrer großen Villa. Die Tochter Ariane, Verhaltensforscherin mit Fachgebiet *Raben*, fühlte sich als Kind von ihrer Mutter vernachlässigt und als leicht erkennbare Figur ihrer Romane bloßgestellt.

Mutter und Tochter erzählen von einer gemeinsamen Vergangenheit, die völlig unterschiedlich erlebt wurde und immer mehr auch ein Porträt des aktuellen Konfliktes zwischen der Generation 68 und ihren pragmatischeren Erben wird.

www.duotincta.de

Würden Sie sich die Augen Ihres Klons einpflanzen lassen?

E-Book, 191 Seiten
ISBN 978-3-94086-25-3

Jonas droht nach einem schweren Unfall zu erblinden, doch ihm werden die Augen seines Dupliks Jonas 7 eingepflanzt. Als künstlich erzeugte Zwillinge dienen die Dupliks *ihren* Menschen als lebende Ersatzteillager. Sie werden isoliert in Horten gehalten und ahnen nichts von ihrer Bestimmung. Angestachelt von seiner Schwester kommen Jonas allerdings Zweifel an der Rechtfertigung der Duplikhaltung und die beiden schmieden einen verwegenen Plan ...

Wie sieht eine Gesellschaft aus, in der alles nur der Gesundheit dient? Mit knapp 200.000 verkauften Expl. (dtv) präsentiert Birgit Rabisch einen Roman zum Thema Gentechnik, der in einer Zukunft spielt, die sich bereits in unsere Gegenwart neigt.

www.duotincta.de

**Leipzig 1990 –
Was ist Freiheit
eigentlich?**

Paperback, 350 Seiten
ISBN 978-3-94086-28-4

Als Montagsdemonstrantin der ersten Stunde fällt es Ania schwer, ihren Traum von einer anderen DDR aufzugeben. In einer WG in Leipzig-Connewitz lebt sie mit dem Maler Sascha und dem Journalisten Alex ihren Traum von einer offenen Beziehung. Doch sie kann ihre große Liebe Bernd nicht vergessen. Auch Anias Schwester Brit und ihre Freundin Suse finden in der WG ein neues Zuhause. Aber ihre Gemeinschaft ist fragil: Überfälle von Neonazis und das Doppelleben eines Mitbewohners bedrohen das friedliche Zusammenleben ...

Nach »Montagsnächte« setzt Kathrin Wildenberger die Geschichte um Ania, Brit und Suse fort, die nun im »ZwischenLand« des Sommers 1990 ihr Leben träumen und ihre Träume leben.

www.duotincta.de